101 Rezeptideen
Salat

101 Rezeptideen
Salat

Bath • New York • Singapore • Hong Kong • Cologne • Delhi
Melbourne • Amsterdam • Johannesburg • Auckland • Shenzhen

Copyright © Parragon Books Ltd
LOVE FOOD is an imprint of Parragon Books Ltd

Layout: Talking Design
Einleitung: Linda Doeser

Die vollständige oder auszugsweise Speicherung, Vervielfältigung oder Übertragung dieses Werks, ob elektronisch, durch Fotokopie oder Aufzeichnung, ist ohne vorherige Genehmigung des Rechteinhabers urheberrechtlich untersagt.

Copyright © für die deutsche Ausgabe
Parragon Books Ltd
Queen Street House
4 Queen Street
Bath BA1 1HE, UK

LOVE FOOD and the accompanying heart device is a registered trademark of Parragon Books Ltd in Australia, the UK, US, India and the EU.

Realisation der deutschen Ausgabe: trans texas publishing, Köln
Übersetzung: Lisa Voges, Köln; Melanie Schirdewahn, Köln u.a.
Lektorat: Anna Loll, Lesezeichen Verlagsdienste, Köln

ISBN 978-1-4454-3415-5
Printed in China

Hinweise
Sofern die Schale von Zitrusfrüchten benötigt wird, verwenden Sie unbedingt unbehandelte Früchte. Sind Zutaten in Löffeln angegeben, ist immer ein gestrichener Löffel gemeint: Ein Teelöffel entspricht 5 ml, ein Esslöffel 15 ml. Sofern nicht anders angegeben, wird Vollmilch (3,5 %) verwendet. Es sollte stets frisch gemahlener schwarzer Pfeffer verwendet werden. Bei Eiern und einzelnen Gemüsesorten, z.B. Kartoffeln, verwenden Sie mittelgroße Exemplare.
Kinder, ältere Menschen, Schwangere, Kranke und Rekonvaleszenten sollten auf Gerichte mit rohen oder nur leicht gegarten Eiern verzichten. Die angegebenen Zeiten können von den tatsächlichen leicht abweichen, da je nach verwendeter Zubereitungsmethode und vorhandenem Herdtyp Schwankungen auftreten.

Inhalt

Einleitung	6
Fleisch	12
Geflügel	68
Fisch & Meeresfrüchte	122
Gemüse & Hülsenfrüchte	172
Register	222

Einleitung

Einleitung

Es ist nichts Neues, dass Gesundheitsbehörden und Ernährungswissenschaftler in vielen Ländern empfehlen, mehr Obst und Gemüse zu essen – sprich fünf oder sogar sieben Portionen pro Tag. Nicht neu ist auch, dass in den westlichen Ländern Erwachsene wie Kinder immer dicker werden und dadurch ihre Gesundheit gefährden. Zugegeben, es ist auch nicht immer leicht, die ganze Familie zu einem gesunden Essen an den Tisch zu bekommen; unser Alltag ist hektisch und dabei wird eine bewusste Ernährung häufig vernachlässigt.

Unterschiedliche Arbeits- und Unterrichtszeiten bedeuten vielfach verschiedene Essenszeiten für die Familienmitglieder. Fast-Food-Restaurants locken mit schnellen, aber meist ungesunden Mahlzeiten, und häufig sind die Geschmäcker in einer Familie sehr verschieden: Während der eine keine Erbsen mag, rümpft der andere bei Spinat die Nase.

Neu aber sind diese tollen Salatrezepte, die so lecker und abwechslungsreich sind, dass für jeden Geschmack etwas dabei ist. Die fünf oder gar sieben Obst- und Gemüseportionen werden zum Kinderspiel.

Falls Sie bei Salat nur an eine Mischung aus grünen Blättern, wässrigen Tomaten, Gurken und vielleicht etwas kaltem Fleisch denken, wird die unglaubliche geschmackliche Vielfalt auf den folgenden Seiten Sie überraschen, denn es gibt keine festen Regeln, was einen leckeren Salat ausmacht. Blattsalate sind stets eine gute Basis, doch es gibt auch andere Zutaten, beispielsweise Früchte wie Erdbeeren und Mangos, Hülsenfrüchte wie Linsen oder Gemüse wie Spargel und Paprika.

Zwar denken wir bei Salat im Allgemeinen erst mal an knackige rohe Zutaten, doch auch aus gekochtem Getreide, Gemüse und Hülsenfrüchten lassen sich leckere, gesunde Salate herstellen; viele davon werden lauwarm serviert.

Einleitung

Top-Tipps

Eines der Hauptkriterien für Salat ist seine Textur. Welke Blätter werden auch durch die Zugabe eines Dressings nicht knackiger; geschmacksneutrale Tomaten sind eine Zumutung; Karotten müssen krachen und sich nicht wie Gummi biegen lassen, Avocados schmecken nur cremig-reif. Die Zutaten sollten so frisch und reif wie möglich sein und noch am selben Tag zubereitet werden – nicht nur wegen des Geschmacks und der Textur, sondern auch weil sie dann noch die maximale Menge an gesunden Nährstoffen enthalten, die bei der Lagerung schnell verloren gehen.

Die Vielfalt an Blattsalaten ist bemerkenswert und reicht vom altbekannten Kopfsalat über Eisberg-, Eichblatt- und Romanasalat bis hin zu Batavia und Lollo. Endivien, ob glatt oder Frisée, Radicchio und Chicorée sind Vertreter der Zichoriengewächse und peppen mit ihrem leicht bitteren Aroma mildere Blattsalate auf. Rucola, junger Spinat und Kresse fügen Mischsalaten eine leicht pfeffrige Note hinzu. Feldsalat hat ein nussiges Aroma und ist überwiegend im Winter erhältlich. Bei einem gemischten Salat sollten Sie neben unterschiedlichen geschmacklichen Noten – mild, süßlich, bitter und pfeffrig – auch an die Kombination verschiedener Farben und Formen denken, schließlich isst das Auge mit.

- Rettich fungiert als Stimmungsmacher im Salat: Er ist eine würzig-pikante Zugabe und ein schöner Farbtupfer. Rettiche gibt es in den unterschiedlichsten Formen, Farben und Größen. Am beliebtesten dürften wohl die kleinen runden oder länglichen Radieschen sein. Sie sind fast das ganze Jahr über erhältlich, besonders mild sind sie aber im Frühjahr. Im Gemüsefach des Kühlschranks halten sie sich bis zu 4 Tage.

- Tomaten sind in einer breiten Sortenvielfalt auf dem Markt vertreten. Aber nicht alle sind für die Salatzubereitung geeignet. Cocktail- oder Kirschtomaten, egal ob rot oder gelb, haben ein süßes Aroma und sehen hübsch aus. Besonders Kinder lieben diese Minitomaten. Im Gegensatz dazu können sogenannte Ochsenherztomaten einen Durchmesser von bis zu 10 cm haben. Normale Gartentomaten eignen sich ebenfalls. Einige Sorten wurden eigens gezüchtet, um lange Transportwege und Lagerung zu überstehen, schmecken aber eher fad. Wählen Sie Strauchtomaten, sie haben ein volleres Aroma und eine bessere Textur. Tomaten sollten möglichst nicht im Kühlschrank aufbewahrt werden, da sie sonst an Aroma verlieren.

- Rohe Zwiebeln, vor allem Sorten wie rote Zwiebeln und Schalotten, sorgen für das gewisse geschmackliche Extra. Falls Sie wegen des schlechten Atems etwas besorgt sind, lassen Sie die Zwiebel 15 Minuten in Salzwasser oder mit Salz bestreut ziehen und spülen Sie sie dann gut ab. Schneiden Sie die Zwiebel in kleine Würfel oder hauchdünne Ringe. Frühlingszwiebeln sind beliebt als Zugabe für Mischsalate. Sowohl das weiße untere Ende als auch die grünen Enden können verwertet werden. Frühlingszwiebeln sollten im Gemüsefach, andere Zwiebeln an einem kühlen, trockenen Ort aufbewahrt werden.

- Auch Gurken gibt es in unterschiedlichsten Formen und Größen. Nach Belieben können sie mit oder ohne Schale serviert werden. Falls die Gurke ungeschält bleiben soll, sollte sie gründlich gewaschen werden, da das Gemüse häufig mit einer glänzenden Wachsschicht überzogen wird. Gurken sollten immer so dünn wie möglich geschnitten werden. Im Gemüsefach des Kühlschranks halten sie sich bis zu 1 Woche.

- Kleine Festkochende Kartoffeln wie Annabelle, Nicola oder Cilena sind überall im Handel erhältlich. Sie schmecken nicht nur als klassischer Kartoffelsalat mit Essig-Öl- oder Mayonnaisedressing, sondern sind auch köstlich als Salat mit krossen Speckwürfeln oder pikanten Würstchen. Kartoffeln sollten an einem dunklen, luftigen Ort gelagert werden.

- Avocados werden vor der Reife geerntet, denn sobald sie reif sind, fallen sie vom Baum. Kaufen Sie Avocados also immer ein paar Tage vor dem Gebrauch und lassen Sie sie 4–5 Tage bei Zimmertemperatur nachreifen. Eine reife Avocado gibt bei leichtem Druck nach. Die Schale sollte keine dunklen Flecken aufweisen. Falls die Avocado länger aufbewahrt werden muss, legen Sie sie in den Kühlschrank. Wenn es schneller gehen soll: Avocado mit einem Apfel in Zeitung einwickeln.

- Bleich- oder Stangensellerie ist die ideale Salatzugabe für mehr Biss und Geschmack. Seine knackige Textur und sein besonderes Aroma passen perfekt zu den meisten Salaten. Kaufen Sie nur Stauden mit Blattgrün, das kräftig grün und frisch aussieht. Die Blätter können gehackt ebenfalls unter den Salat gemischt werden. Bewahren Sie Sellerie in einem Plastikbeutel auf.

Einleitung

Kräutervinaigrette

Ergibt etwa 150 ml
- 125 ml Olivenöl
- 3 EL Weißweinessig oder Zitronensaft
- 1½ EL frisch gehackte Kräuter, z. B. Schnittlauch, Petersilie und/oder Minze
- 1 TL Dijon-Senf
- ½ TL Zucker
- Salz und Pfeffer

1 Alle Zutaten in ein Schraubglas füllen. Den Deckel gut schließen und das Glas kräftig schütteln, bis die Zutaten emulgieren. Nach Geschmack mit Salz und Pfeffer nachwürzen.

2 Sofort verwenden oder im geschlossenen Schraubglas bis zu 3 Tage im Kühlschrank aufbewahren. Die Vinaigrette vor Gebrauch immer erst schütteln oder rühren. Falls die Kräuter braun geworden sind, die Vinaigrette durch ein nicht metallisches Sieb passieren.

Basilikum-Schnittlauch-Essig

Für 4–6 Personen
- 1 EL frisch gehackter Dill
- 20 Stängel frischer Schnittlauch
- 4 EL Weißweinessig
- 1 TL Dijon-Senf
- 2 EL Olivenöl
- 1 EL frisch gepresster Zitronensaft
- Salz und Pfeffer

1 Dill und Schnittlauch in einer Schüssel vermischen.

2 Essig, Senf, Öl und Zitronensaft verquirlen. Mit Salz und Pfeffer abschmecken, dann über die Kräuter gießen.

3 Sofort verwenden oder im geschlossenen Schraubglas bis zu 3 Tage im Kühlschrank aufbewahren. Vor dem Servieren wieder auf Raumtemperatur bringen.

Tomatendressing

Für 2–4 Personen
- 2 EL Balsamico-, Rot- oder Weißweinessig
- 4–6 EL natives Olivenöl extra
- 1 TL Dijon-Senf
- 1 Prise Zucker
- 1 EL frisch gezupftes Basilikum
- 1 EL fein gehackte sonnengetrocknete Tomaten
- Salz und Pfeffer

1 Alle Zutaten in ein Schraubglas füllen. Den Deckel fest schließen und das Glas kräftig schütteln. Alternativ die Zutaten in einer Schale verquirlen. Öl nach Bedarf zugießen.

2 Für einen Blattsalat sind 4 Esslöffel Öl ausreichend. Für schwerere Zutaten wie Kartoffeln werden etwa 6 Esslöffel Öl benötigt.

3 Sofort oder später verwenden. Bei einer späteren Verwendung das Basilikum weglassen. So hält sich das Dressing 3–4 Tage im Kühlschrank.

Knoblauch-Chili-Oregano-Öl

Ergibt gut 250 ml
- 5 Knoblauchzehen, halbiert
- 1–2 rote Chillies, entkernt und gehackt
- 1 TL getrockneter Oregano
- 250 ml Rapsöl

1 Den Backofen auf 150 °C vorheizen. Knoblauchzehen, Chillies, Oregano und Öl in einer Auflaufform mischen. Im Ofen auf mittlerer Schiene 1½–2 Stunden erhitzen. Messen Sie die Temperatur des Öls mit einem digitalen Küchenthermometer, sie sollte 120 °C betragen.

2 Das Öl aus dem Ofen nehmen, abkühlen lassen und durch ein Musselintuch in ein sauberes Gefäß seihen. Sie können Knoblauch und Chillies auch im Öl lassen und erst vor Gebrauch abseihen. Im Schraubglas fest verschlossen und gekühlt aufbewahren.

Fleisch

Fleisch

Roastbeefsalat

Für 4 Personen
- 750 g Roastbeef oder Rinderfilet
- Salz und Pfeffer
- 2 TL Worcestersauce
- 3 EL Olivenöl
- 400 g grüne Bohnen
- 100 g Orecchiette (Öhrchennudeln)
- 2 rote Zwiebeln, in dünne Ringe geschnitten
- 1 großer Radicchio, in Streifen geschnitten
- 50 g grüne Oliven, entsteint
- 50 g geschälte ganze Haselnüsse

Dressing
- 1 TL Dijon-Senf
- 2 EL Weißweinessig
- 5 EL Olivenöl
- Salz und Pfeffer

1 Den Backofen auf 220 °C vorheizen. Das Fleisch mit wenig Salz, Pfeffer und Worcestersauce einreiben. Die Hälfte des Öls in einem Bräter erhitzen und das Fleisch von allen Seiten kurz anbraten. In den Ofen schieben und 30 Minuten braten. Das Fleisch aus der Form nehmen und abkühlen lassen.

2 In einem großen Topf Salzwasser zum Kochen bringen und die Bohnen darin 10 Minuten bissfest garen. Herausnehmen und unter fließend kaltem Wasser abschrecken. Abtropfen lassen und in eine große Schüssel geben.

3 Das Wasser erneut zum Kochen bringen und die Nudeln darin al dente garen. Abgießen und abtropfen lassen. Das restliche Öl in den Topf geben und die Nudeln darin schwenken.

4 Nudeln, Zwiebeln, Radicchio, Oliven und Haselnüsse mit den Bohnen vermengen und auf einer Servierplatte anrichten. Die Zutaten für das Dressing verrühren und über den Salat gießen.

5 Das Fleisch in dünne Scheiben schneiden und auf dem Salat verteilen. Sofort servieren.

Fleisch

Warmer Salade niçoise mit Rinderfilet

Für 4 Personen
- 4 Filetsteaks vom Rind (à 120 g)
- 2 EL Rotweinessig
- 2 EL Orangensaft
- 2 TL scharfer Senf
- 2 EL natives Olivenöl extra
- 175 g neue Kartoffeln
- 120 g grüne Bohnen, geputzt
- 175 g gemischte Salatblätter, z.B. junger Spinat, Rucola und Radicchio
- 1 gelbe Paprika, gehäutet und in Streifen geschnitten
- 175 g Kirschtomaten, halbiert
- entsteinte schwarze Oliven, zum Garnieren
- 2 EL Olivenöl, zum Braten

1 Die Steaks in eine flache Form legen. Essig, Orangensaft und Senf in einer Schüssel verrühren und über die Steaks gießen. Abdecken und 30 Minuten im Kühlschrank marinieren. Die Steaks zwischendurch wenden. Inzwischen die Kartoffeln mit Schale in kochendem Salzwasser 15–20 Minuten garen. Abgießen, abtropfen lassen und beiseitestellen.

2 In einem weiteren Topf etwas Wasser zum Kochen bringen und die Bohnen darin 10 Minuten bissfest garen. Abgießen, unter fließend kaltem Wasser abschrecken und abtropfen lassen. Die Salatblätter auf eine Servierplatte geben. Kartoffeln, Bohnen, Paprika, Kirschtomaten und Oliven darauf anrichten. Die Steaks aus der Marinade nehmen. Das Öl zum Braten in einer Pfanne erhitzen und die Steaks darin von jeder Seite anbräunen. Herausnehmen und in breite Streifen schneiden. Die Filetstreifen auf dem Salat anrichten, die Marinade als Dressing darübergießen und sofort servieren.

Fleisch

Rindfleisch mit Saté-Dressing

Für 4 Personen
- 2 Rumpsteaks (à 225 g), pariert
- 2 EL Sojasauce
- 1 EL Limettensaft
- 1 Knoblauchzehe, zerdrückt
- 1 TL Chiliflocken
- 350 g Chinakohl, geraspelt
- ¼ Salatgurke, in dünne Scheiben geschnitten
- 4 Frühlingszwiebeln, in Ringe geschnitten
- frische Korianderblätter und feine rote Chilistreifen, zum Garnieren
- Limettenspalten, zum Servieren

Saté-Dressing
- 2 EL grobe Erdnussbutter
- 3 EL Kokosmilch
- 1 EL Sojasauce
- 1 EL Limettensaft
- 2 TL brauner Zucker

1 Die Steaks in eine flache Form geben. Sojasauce, Limettensaft, Knoblauch und Chiliflocken mischen und über die Steaks gießen. Abdecken und 1 Stunde bei Zimmertemperatur marinieren.

2 Eine gusseiserne Grillpfanne sehr stark erhitzen. Die Steaks darin, je nach gewünschtem Gargrad, 3–5 Minuten von jeder Seite braten. Auf eine Platte geben, abdecken und 5 Minuten ruhen lassen.

3 Für das Dressing alle Zutaten in einem kleinen Topf unter Rühren sanft erhitzen, bis die Erdnussbutter geschmolzen ist. 1 Minute köcheln lassen. Gegebenenfalls noch etwas Wasser zugeben und gut umrühren.

4 Chinakohl, Gurke und Frühlingszwiebeln mischen und auf einer Servierplatte verteilen. Die Steaks in dünne Streifen schneiden und auf dem Salat anrichten. Mit dem Dressing beträufeln, mit Korianderblättern und Chili garnieren und mit den Limettenspalten servieren.

Fleisch

Waldorfsalat mit Rinderfiletstreifen

Für 4 Personen
- 2 Rinderfiletsteaks (à 200 g), etwa 2,5 cm dick
- Oliven- oder Sonnenblumenöl, zum Einfetten
- Pfeffer
- 1 EL körniger Senf
- 150 ml Mayonnaise
- 1 EL Zitronensaft
- 500 g Äpfel
- 4 Selleriestangen, in feine Scheiben geschnitten
- 50 g Walnusskerne, grob gehackt
- 100 g gemischte grüne Salatblätter
- Vollkornbaguette, zum Servieren

1 Eine große Pfanne auf mittlerer Stufe erhitzen. Die Steaks von beiden Seiten mit etwas Öl bestreichen und mit Pfeffer würzen. In die heiße Pfanne legen und unter häufigem Wenden 6–7 Minuten (englisch) oder 8–10 Minuten (medium) braten; dabei noch ein- bis zweimal mit Öl bestreichen. Die Steaks aus der Pfanne nehmen und ruhen lassen.

2 In der Zwischenzeit Senf und Mayonnaise in einer Schüssel verrühren. Den Zitronensaft in eine große Schüssel geben. Die Äpfel schälen, entkernen, in Würfel schneiden und im Zitronensaft wenden. Mayonnaisemischung, Sellerie und Walnüsse zugeben und alles gründlich vermengen.

3 Die Salatblätter auf 4 Teller verteilen und den Waldorfsalat darauf anrichten. Die Steaks in Scheiben schneiden und auf dem Waldorfsalat verteilen. Sofort mit Baguette servieren.

Fleisch

Thai-Nudelsalat mit Roastbeef

Für 4–6 Personen
- 500 g Rumpsteak oder Rinderfilet am Stück
- Salz und Pfeffer
- 400 g Fusilli
- 4 EL Olivenöl
- 2 EL Limettensaft
- 2 EL thailändische Fischsauce
- 2 TL klarer Honig
- 4 Frühlingszwiebeln, in Ringen
- 1 Salatgurke, in 2 cm dicken Stücken
- 3 Tomaten, in Spalten
- 3 TL frisch gehackte Minze

1 Das Fleisch salzen und pfeffern, dann 4 Minuten von jeder Seite über Holzkohle grillen oder in der Pfanne braten. 5 Minuten ruhen lassen, dann quer zur Faser sehr dünn aufschneiden.

2 Inzwischen leicht gesalzenes Wasser in einem großen Topf zum Kochen bringen. Die Fusilli darin al dente kochen.

3 Abgießen, unter fließend kaltem Wasser abspülen und abtropfen lassen. In eine Schüssel geben und mit dem Olivenöl vermengen. Limettensaft, Fischsauce und Honig in einem kleinen Topf verrühren und 2 Minuten bei mittlerer Hitze einkochen.

4 Frühlingszwiebeln, Gurke, Tomaten und Minze hineingeben, das Fleisch zufügen und alles gut vermengen. Mit Salz und Pfeffer abschmecken.

5 Die Fusilli auf vorgewärmte Servierteller verteilen, die Fleischmischung darübergeben und servieren.

Fleisch

Rindfleisch mit Sichuan-Dressing

Für 4 Personen
- 350 g Rumpsteak, pariert
- 100 g asiatische Eiernudeln
- 1 kleine rote Zwiebel, halbiert und in Scheiben geschnitten
- 6 Radieschen, in Scheiben geschnitten
- 150 g Rucola oder Radicchio
- 2 EL Erdnussöl
- 1 TL Sichuan-Pfeffer, zerstoßen

Marinade
- 4 TL chinesischer Reiswein oder trockener Sherry
- ½ EL Sojasauce
- 4 TL Zucker
- 2 EL Hoisin-Sauce
- 3-cm-Stück Ingwerwurzel, in einer Knoblauchpresse zerdrückt

Dressing
- 2 TL Sichuan-Pfeffer, zerstoßen
- 2 EL helle Sojasauce
- 2 EL Reisessig
- 2 EL kalt gepresstes Sesamöl

1 Das Fleisch in mundgerechte breite Streifen schneiden und in eine Schüssel geben. Alle Zutaten für die Marinade verrühren und über das Fleisch gießen. Bei Zimmertemperatur 30 Minuten oder im Kühlschrank bis zu 2 Tage marinieren.

2 Die Nudeln in einem Topf nach Packungsanleitung kochen, dann abgießen, abkühlen lassen und in Stücke schneiden. Alle Zutaten für das Dressing in einer Schale gut verrühren. Nudeln, Zwiebel, Radieschen und Salatblätter in einer großen Schüssel vermengen. Das Dressing nochmals kurz verrühren und zwei Drittel über den Salat gießen und unterheben. Den Salat auf Serviertellern anrichten.

3 Einen Wok auf mittlerer bis starker Stufe erhitzen. Erdnussöl und Sichuan-Pfeffer hineingeben und einige Sekunden rühren, um das Öl zu aromatisieren. Die Rindfleischstreifen samt Marinade zugeben und 4–5 Minuten unter Rühren anbraten. Mit einem Schaumlöffel herausnehmen und auf den Salatportionen anrichten. Mit dem restlichen Dressing beträufeln.

Fleisch

Scharf-saurer Rindfleischsalat

Für 4 Personen
- 1 TL schwarze Pfefferkörner
- 1 TL Koriandersamen
- 1 getrocknete kleine rote Chili
- ¼ TL Fünf-Gewürze-Pulver
- 250 g Rinderfilet
- 1 EL dunkle Sojasauce
- 6 Frühlingszwiebeln
- 1 Karotte
- ¼ Salatgurke
- 8 Radieschen
- 1 rote Zwiebel
- ¼ Chinakohl
- 2 EL Erdnussöl
- 1 Knoblauchzehe, zerdrückt
- 1 TL fein gehacktes Zitronengras
- 1 EL frisch gehackte Minzeblätter
- 1 EL frisch gehackte Korianderblätter

Dressing
- 3 EL Limettensaft
- 1 EL helle Sojasauce
- 2 TL Palmzucker
- 1 TL Sesamöl

1 Pfeffer, Koriander und Chili im Mörser zermahlen, mit dem Fünf-Gewürze-Pulver mischen und auf einem Teller verteilen. Das Fleisch mit Sojasauce einpinseln und in den Gewürzen wenden.

2 Die Frühlingszwiebeln in 5 cm lange Stücke, dann in feine Streifen schneiden. Zum Aufrollen in Eiswasser legen. Gut abtropfen lassen.

3 Die Karotte schälen und schräg in dünne Scheiben schneiden. Die Gurke längs halbieren, Kerne ausschaben und das Fleisch in dünne Scheiben schneiden. Die Radieschen putzen und nach Belieben zu Blüten schneiden.

4 Die Zwiebel in Ringe schneiden. Den Chinakohl in Streifen schneiden. Alle Gemüsesorten mischen.

5 Das Erdnussöl in einer Pfanne erhitzen. Knoblauch und Zitronengras darin hellbraun braten. Das Fleisch zugeben und unter Wenden 3–4 Minuten anbraten. Aus der Pfanne nehmen.

6 Das Fleisch in Streifen schneiden und mit dem Salat mischen. Minze und Koriander unterheben. Die Zutaten für das Dressing in der Pfanne verrühren, dann über den Salat geben und sofort servieren.

Fleisch

Gegrilltes Lamm mit Joghurtdressing

Für 4 Personen
- 2 EL Sonnenblumenöl, plus etwas mehr zum Grillen
- 1 EL Tomatenmark
- ½ EL gemahlener Kreuzkümmel
- 1 TL Zitronensaft
- 1 Knoblauchzehe, zerdrückt
- 1 Prise Cayenne-Pfeffer
- Salz und Pfeffer
- 500 g Lammfilet, pariert
- geröstete Sesamsaat
- Zweige von glatter Petersilie, zum Garnieren

Joghurtdressing
- 2 EL Zitronensaft
- 1 TL Honig
- 100 g griechischer Joghurt (10 % Fett)
- 2 EL frisch gehackte Minze
- 2 EL frisch gehackte glatte Petersilie
- 1 EL Schnittlauchröllchen
- Salz und Pfeffer

1 Öl, Tomatenmark, Kreuzkümmel, Zitronensaft, Knoblauch, Cayenne-Pfeffer, Salz und Pfeffer in einer großen Schüssel verrühren. Das Lammfleisch darin wenden, die Schüssel abdecken und mindestens 2 Stunden oder über Nacht im Kühlschrank marinieren.

2 Für das Dressing Zitronensaft und Honig verrühren, bis sich der Honig aufgelöst hat. Joghurt und Kräuter unterrühren und mit Salz und Pfeffer abschmecken. Abdecken und bis zum Gebrauch kühl stellen.

3 Den Backofengrill vorheizen. Das Lammfleisch aus dem Kühlschrank nehmen. Den Grillrost leicht mit Öl bestreichen und eine Fettpfanne darunterschieben. Das Fleisch 5–6 Minuten von jeder Seite grillen, bis es innen noch etwas rosa ist. Aus dem Ofen nehmen und abkühlen lassen.

4 Das Lammfilet in dünne Scheiben schneiden und auf 4 Servierteller verteilen. Mit dem Dressing beträufeln, mit Sesam und Petersilie bestreuen und servieren.

Fleisch

Lamm-Köfte auf Kräuterbett

Für 4 Personen
- 400 g mageres Lammhackfleisch
- 1 kleine Zwiebel, fein gehackt
- je 2 TL gemahlener Koriander, gemahlener Kreuzkümmel und Paprikapulver edelsüß
- 1 EL frisch gehackter Koriander
- 2 EL frisch gehackte Minze
- 3 EL Olivenöl
- 6 EL Naturjoghurt
- 100 g Salatgurke, gerieben
- 2 TL Minzsauce
- 125 g gemischter Salat aus zarten Salatblättern und Kräutern
- 1 EL Zitronensaft
- Salz und Pfeffer

1 8 Holzspieße 30 Minuten in kaltem Wasser einweichen. Hackfleisch, Zwiebel, Gewürze, Koriander und Minze mit reichlich Salz und Pfeffer in eine Küchenmaschine geben. 1–2 Minuten fein zerkleinern. In eine Schüssel füllen, abdecken und 30 Minuten in den Kühlschrank stellen. Den Backofengrill auf mittlerer bis hoher Stufe vorheizen.

2 Die Hackfleischmasse achteln und je eine Portion um einen eingeweichten Holzspieß in eine ovale Form drücken. Mit ein wenig Öl bestreichen und 15–20 Minuten grillen, dabei häufig wenden, bis das Fleisch gar ist.

3 Unterdessen Joghurt, Gurke und Minzsauce in einer kleinen Schüssel verquirlen und mit Salz und Pfeffer abschmecken.

4 Den Salat in eine große Schüssel geben. Das verbliebene Öl und den Zitronensaft verrühren und mit Salz und Pfeffer abschmecken. Das Dressing über den Salat träufeln und alles gut vermengen. Die Spieße auf Salat mit dem Gurken-Minze-Joghurt servieren.

Fleisch

Salat mit kaltem Braten & Kürbis

Für 4–6 Personen
- 1 kleiner Hokkaidokürbis (1,5 kg), halbiert und entkernt
- 2 rote Zwiebeln, in Spalten geschnitten
- 3–4 EL Olivenöl
- 100 g grüne Bohnen, halbiert
- 600 g kalter Schweinebraten, in mundgerechte Stücke geschnitten
- 1 Handvoll Rucola
- 100 g Feta, zerbröselt
- 2 EL geröstete Pinienkerne
- 2 EL frisch gehackte glatte Petersilie

Dressing
- 6 EL natives Olivenöl extra
- 3 EL Balsamico-Essig
- ½ TL Zucker
- ½ TL Dijon-Senf oder körniger Senf
- Salz und Pfeffer

1 Den Backofen auf 200 °C vorheizen. Den Kürbis vierteln, in etwa 4 cm breite Spalten schneiden. Kürbis und Zwiebeln auf einem Backblech verteilen, Olivenöl darüberträufeln und 25–30 Minuten im Ofen backen. Der Kürbis sollte zwar gar, aber nicht zu weich sein. Aus dem Ofen nehmen und vollständig abkühlen lassen. Dann in mundgerechte Stücke schneiden.

2 In einem kleinen Topf Salzwasser zum Kochen bringen und die Bohnen darin 10 Minuten bissfest garen. Abgießen, unter fließend kaltem Wasser abschrecken und abtropfen lassen.

3 Für die Vinaigrette alle Zutaten in ein Schraubglas füllen und kräftig schütteln.

4 Kürbis, Zwiebeln, Bohnen, Schweinebraten, Rucola, Feta, Pinienkerne und Petersilie in einer großen Schüssel vorsichtig vermengen. Das Dressing über den Salat gießen und unterheben. Sofort servieren.

Fleisch

Schweinefleisch mit Schleifensalat

Für 4 Personen
- 500 g Schweinefilet
- 3 EL Hoisin-Sauce
- 175 g Karotten
- ½ Salatgurke
- 4 Frühlingszwiebeln, in feine Ringe geschnitten
- 4 Radieschen, in dünne Scheiben geschnitten
- 2 EL Sesamsaat

Dressing
- 2 EL Sesamöl
- 2 EL Reisessig

1 Das Schweinefleisch in 2 Stücke schneiden und in eine flache Form geben. Mit Hoisin-Sauce übergießen und 1 Stunde bei Zimmertemperatur marinieren. Den Backofen auf 190 °C vorheizen.

2 Den Grillrost über einen zur Hälfte mit Wasser gefüllten Bräter setzen und das Schweinefilet darauflegen (so trocknet das Fleisch während des Garens nicht aus). 35–40 Minuten im vorgeheizten Ofen grillen, bis das Fleisch durchgegart und außen knusprig braun ist. 10 Minuten abkühlen lassen.

3 Karotten und Gurke mit einem Sparschäler in dünne Schleifen schneiden. In einer Schüssel mit Frühlingszwiebeln und Radieschen mischen.

4 Eine beschichtete Pfanne erhitzen und die Sesamsaat darin bei mittlerer Hitze 3–4 Minuten leicht anrösten. Zum Salat geben. Für das Dressing Sesamöl und Essig in ein kleines Schraubglas füllen und gut schütteln. Die Hälfte des Dressings über den Salat träufeln und alles gut durchheben.

5 Nun das Schweinefilet in Scheiben schneiden, auf einzelne Servierteller verteilen und den Schleifensalat daneben anrichten. Das verbliebene Dressing über das Fleisch träufeln und sofort servieren.

Fleisch

Salat mit mariniertem Schweinefleisch

Für 4 Personen
- 500 g Schweinefilet, pariert
- 6 Frühlingszwiebeln, längs halbiert und in je 3 Stücke geteilt
- 1 Salatgurke
- 4 Handvoll feine Eisbergsalatstreifen
- 20 g Korianderblätter
- 10 g Minzeblätter
- 4 EL trocken geröstete Erdnüsse, grob gehackt
- fein abgeriebene Schale von 1 Limette
- 1 TL Salz
- 1 TL Zucker
- 2 TL Sesamöl
- 1 EL Erdnussöl

Marinade
- 2 kleine, frische rote Chillies, entkernt und sehr fein gehackt
- 4 EL Zucker
- 3 EL thailändische Fischsauce
- 4 EL Limettensaft
- 4 EL Reisessig

1 Das Schweinefilet schräg in feine Scheiben schneiden. Die Scheiben längs halbieren. Mit den Frühlingszwiebeln in eine Schüssel geben. Die Gurke schälen, längs halbieren und die Kerne herauslösen. Schräg in feine Scheiben schneiden und in eine zweite Schüssel geben.

2 Für die Marinade Chillies und Zucker in einem Mörser zu einer wässrig-roten Paste zerreiben. Fischsauce, Limettensaft und Reisessig einarbeiten, bis sich der Zucker aufgelöst hat. Eine Hälfte über das Schweinefleisch, die andere über die Gurken gießen. Beides 1 Stunde marinieren. Die Gurken danach abtropfen lassen und die Marinade auffangen.

3 Eisbergsalat, Koriander und Minze in einer Schüssel vermengen, dann auf Serviertellern anrichten. Die Gurkenscheiben darauf verteilen und mit der aufgefangenen Marinade beträufeln. Erdnüsse mit Limettenschale, Salz und Zucker mischen.

4 Das Fleisch abtropfen lassen und die Marinade weggießen. Einen Wok stark vorheizen, dann beide Öle darin erhitzen. Das Fleisch darin 5 Minuten unter Rühren anbraten, bis es gar und leicht gebräunt ist. Auf den Salatportionen anrichten und mit der Erdnussmischung garnieren. Sofort servieren.

Fleisch

Warmer Kartoffel-Würstchen-Salat

Für 4 Personen
- 700 g kleine neue Kartoffeln, halbiert
- 2 EL Sonnenblumenöl
- 6 grobe frische Bratwürste
- 2 Zwiebeln, in dünne Spalten geschnitten
- frisch gehackte glatte Petersilie, zum Garnieren (nach Belieben)

Dressing
- 4 EL Olivenöl
- 1 EL Weißweinessig
- 2 TL körniger Senf
- 2 TL flüssiger Honig
- Salz und Pfeffer

1 Die Kartoffeln in einem Topf mit kaltem Wasser bedecken. Zum Kochen bringen, abdecken und 15 Minuten sanft köcheln lassen.

2 Unterdessen das Sonnenblumenöl in einer großen Pfanne erhitzen und die Würste darin 5 Minuten braten, dabei einmal wenden. Die Zwiebeln zufügen und weitere 8–10 Minuten unter häufigem Rühren braten, bis die Würste gar und die Zwiebeln goldgelb und weich sind. Würstchen und Zwiebeln aus der Pfanne heben und auf Küchenpapier abtropfen lassen. Jede Wurst schräg in mundgerechte Stücke schneiden.

3 Die Kartoffeln abgießen und mit Würstchen und Zwiebeln in eine große Schüssel füllen.

4 Für das Dressing alle Zutaten in ein kleines Schraubglas füllen und gut schütteln. Über den Salat gießen und alles gut durchheben. Nach Belieben mit Petersilie garnieren und noch warm servieren.

Fleisch

Nudelsalat mit pikanter Wurst

Für 2-3 Personen
- 125 g Conchiglie (Muschelnudeln)
- 2 EL natives Olivenöl extra
- 1 Zwiebel, gehackt
- 2 Knoblauchzehen, zerdrückt
- 1 kleine gelbe Paprika, in feine Streifen geschnitten
- 175 g pikante Wurst, z. B. Chorizo oder Peperonisalami, gehäutet und in Scheiben geschnitten
- 2 EL Rotwein
- 1 EL Rotweinessig
- 125 g gemischte Salatblätter
- Salz

1. In einem großen Topf leicht gesalzenes Wasser aufkochen. Die Conchiglie darin mit 1 Esslöffel Olivenöl kochen, bis sie al dente sind. Abgießen, unter kaltem Wasser abschrecken und abtropfen lassen.

2. Das restliche Olivenöl in einem Topf erhitzen und die Zwiebel darin bei schwacher Hitze glasig dünsten. Knoblauch, Paprika und Wurstscheiben zugeben und 3–4 Minuten dünsten, dabei gelegentlich umrühren.

3. Wein, Essig und Nudeln unterrühren und kurz stark erhitzen.

4. Die Salatblätter auf Tellern anrichten, die Nudelmischung darübergeben und nach Belieben mit Salz bestreuen. Sofort servieren.

Fleisch

Melonen-Artischocken-Salat mit Chorizo

Für 8 Personen
- 12 Babyartischocken, Stiele und äußere Blätter entfernt und die Blattspitzen abgeschnitten
- Saft von ½ Zitrone
- 2 EL Olivenöl
- 1 kleine Cantaloupe- oder Netzmelone
- 200 g Chorizo, gehäutet und in Stücke geschnitten
- frischer Estragon oder glatte Petersilie, zum Garnieren

Dressing
- 3 EL natives Olivenöl extra
- 1 EL Rotweinessig
- 1 TL Senf
- 1 EL frisch gehackter Estragon
- Salz und Pfeffer

1 Die Artischocken vierteln und mit dem Zitronensaft beträufeln.

2 Das Olivenöl in einer Pfanne erhitzen und die Artischocken darin unter häufigem Wenden 5 Minuten andünsten, bis sie goldbraun werden. Aus der Pfanne heben, in eine Servierschale geben und abkühlen lassen.

3 Die Melone halbieren, entkernen und schälen. Das Fruchtfleisch in mundgerechte Stücke schneiden und zu den Artischocken geben. Die Chorizo ebenfalls zufügen.

4 Für das Dressing alle Zutaten in einer Schüssel verrühren. Kurz vor dem Servieren über den Salat gießen und vermengen. Mit Estragon oder Petersilie garnieren und sofort servieren.

Fleisch

Bohnensalat mit Chorizo

Für 2 Personen
- 1 EL Sonnenblumenöl
- 1 kleine Zwiebel, in dünne Ringe geschnitten
- 250 g Riesenbohnen aus der Dose, abgespült und abgetropft
- 1 TL Balsamico-Essig
- 2 Chorizo, schräg in Scheiben geschnitten
- 1 feste Tomate, entkernt und gewürfelt
- 2 EL Harissa (nordafrikanische Gewürzpaste)
- 1 Handvoll Rucola
- 1 Handvoll gemischte Kräuter, z.B. Petersilie und Dill

1 Das Öl in einer Pfanne erhitzen und die Zwiebel darin weich dünsten. Die Bohnen zugeben und 1 Minute mitgaren. Mit dem Essig beträufeln, vom Herd nehmen und warm halten.

2 Eine zweite Pfanne erhitzen und die Wurstscheiben unter gelegentlichem Rühren kurz anbräunen. Herausnehmen und beiseitestellen.

3 Tomatenwürfel und Harissa in einer Schale vermengen. Rucola und Kräuter auf 2 Servierteller verteilen. Bohnen und Chorizo darauf anrichten. Die Tomaten-Harissa-Mischung darüber verteilen und sofort servieren.

Fleisch

Warmer Eier-Speck-Salat

Für 4 Personen
- 2 kleine Romanasalate, grob in Stücke gezupft
- 4 Eier
- 2 EL Sonnenblumenöl
- 2 dicke Scheiben Weißbrot, Rinde entfernt, in Würfel geschnitten
- 250 g Frühstücksspeck, gewürfelt
- 12 Kirschtomaten, halbiert

Dressing
- 2 EL natives Olivenöl extra
- 1 EL Rotweinessig
- 1 TL Dijon-Senf
- Pfeffer

1 Für das Dressing alle Zutaten in ein kleines Schraubglas füllen und gut schütteln. Die Salatblätter in eine große Schüssel geben.

2 Die Eier in einem Topf mit kaltem Wasser bedecken. Zum Kochen bringen und 4 Minuten kochen. Dann abgießen und die Eier 2 Minuten in kaltem Wasser abschrecken. Anschließend schälen und vierteln.

3 Das Öl in einer großen Pfanne erhitzen und die Brotwürfel darin unter häufigem Rühren 3–4 Minuten goldbraun frittieren. Mit einem Schaumlöffel herausheben und beiseitestellen.

4 Die Speckwürfel in die Pfanne geben und bei mittlerer bis starker Hitze knusprig braten. Tomaten und Dressing zufügen und 1 Minute mitgaren.

5 Den Pfanneninhalt über den Salat geben und alles vorsichtig vermengen. Die geviertelten Eier zugeben und die Croûtons darüberstreuen. Sofort servieren.

Fleisch

Eisbergsalat mit Tomaten & Speck

Für 4 Personen
- 8 dicke Scheiben Frühstücksspeck
- 1 Eisbergsalat, in 12 Spalten geschnitten
- 2 Fleischtomaten, in Spalten geschnitten
- ¼ Salatgurke, in dünne Scheiben geschnitten
- ½ reife Avocado, in Scheiben geschnitten
- 1 EL Zitronensaft
- 80 g mittelalter Gouda, grob gerieben (nach Belieben)

Dressing
- 4 EL Mayonnaise
- 2 EL saure Sahne
- 1 EL Milch
- 2 TL körniger Senf
- Salz und Pfeffer

1 Den Backofengrill sehr stark erhitzen und die Speckscheiben 3–4 Minuten knusprig grillen, dabei einmal wenden.

2 Für das Dressing Mayonnaise, saure Sahne, Milch und Senf in einer Schüssel glatt rühren und mit Salz und Pfeffer abschmecken. Salatspalten, Tomaten und Gurke auf 4 Servierteller verteilen.

3 Die Avocadoscheiben im Zitronensaft wenden und zum Salat geben. Mit dem Dressing übergießen.

4 Die Speckscheiben halbieren und auf den Salat legen. Nach Belieben mit geriebenem Käse bestreuen und sofort servieren.

Fleisch

Spinatsalat mit knusprigem Speck

Für 4 Personen
- 4 EL Olivenöl
- 4 Scheiben Frühstücksspeck, in Streifen geschnitten
- 1 dicke Scheibe Weißbrot, Rinde entfernt, gewürfelt
- 500 g Blattspinat

1 Die Hälfte des Olivenöls in einer Pfanne erhitzen. Die Speckstreifen darin 3–4 Minuten knusprig braten. Mit einem Schaumlöffel herausnehmen und auf Küchenpapier abtropfen lassen.

2 Nun die Brotwürfel in die Pfanne geben und 4 Minuten anbräunen. Mit einem Schaumlöffel aus der Pfanne nehmen und auf Küchenpapier abtropfen lassen.

3 Das restliche Öl in der Pfanne erhitzen. Den Spinat zugeben und etwa 3 Minuten unter Rühren anbraten, bis er zusammenfällt. In eine Salatschüssel füllen und mit Speckstreifen und Croûtons bestreuen. Sofort servieren.

Fleisch

Salat mit Birnen & Knusperspeck

Für 4 Personen
- 2 Williamsbirnen, in feine Spalten geschnitten
- 1 EL Zitronensaft
- 4 Scheiben magerer Frühstücksspeck
- 100 g Walnusshälften
- 175 g Brunnenkresse, ohne Stielchen

Dressing
- 3 EL natives Olivenöl extra
- 2 EL Zitronensaft
- ½ TL Honig
- Salz und Pfeffer

1 Die Birnenspalten mit dem Zitronensaft beträufeln und beiseitestellen.

2 Den Backofengrill vorheizen. Die Speckscheiben auf ein mit Alufolie ausgelegtes Backblech legen und von beiden Seiten knusprig braun grillen. Abkühlen lassen und in 1 cm breite Streifen schneiden.

3 Eine beschichtete Pfanne erhitzen und die Walnüsse darin kurz rösten, bis sie goldbraun sind. Abkühlen lassen. Brunnenkresse, Walnüsse, Birnen und Speck in eine Salatschüssel geben.

4 Alle Zutaten für das Dressing in einer Schüssel verrühren und über den Salat gießen. Alles gut vermengen und sofort servieren.

Fleisch

Artischocken-Schinken-Salat

Für 4 Personen
- 4 kleine Tomaten, geviertelt
- 25 g entsteinte schwarze Oliven, halbiert
- 275 g Artischockenherzen in Öl
- 25 g sonnengetrocknete Tomaten in Öl
- 150 g Parmaschinken, in dünnen Scheiben
- eine Handvoll Basilikum, fein gehackt, plus einige Blätter zum Garnieren
- frisches Baguette, zum Servieren

Dressing
- 3 EL Olivenöl
- 1 EL Weißweinessig
- 1 Knoblauchzehe, zerdrückt
- ½ TL milder Senf
- 1 TL Honig
- Salz und Pfeffer

1 Tomatenviertel und Oliven in eine große Schüssel geben. Artischockenherzen und getrocknete Tomaten gründlich abtropfen lassen. Die Artischockenherzen vierteln. Getrocknete Tomaten in feine Streifen schneiden, Schinkenscheiben vierteln. Alles ebenfalls in die Schüssel geben.

2 Gehacktes Basilikum zugeben und alles gut vermengen.

3 Die Zutaten für das Dressing in ein Schraubglas füllen und kräftig schütteln. Über den Salat gießen und gut vermengen.

4 Den Salat mit ganzen Basilikumblättern garnieren und sofort mit frischem Baguette servieren.

Fleisch

Melone mit Schinken auf Spargel

Für 4 Personen
- 250 g grüner Spargel, holzige Enden entfernt und die Stangen auf eine Länge gekürzt
- 8 Scheiben Parmaschinken
- 1 kleine Galia- oder Cantaloupe-Melone, geschält und in 16 Spalten geschnitten
- 150 g gemischte Salatblätter
- Salz und Pfeffer
- 80 g Himbeeren
- 2 EL frisch gehobelter Parmesan

Dressing
- 1 EL Balsamico-Essig
- 2 EL Himbeeressig
- 2 EL Orangensaft
- 1 Prise Salz

1 Salzwasser in einem Topf zum Kochen bringen. Den Spargel darin bei mittlerer Hitze 10 Minuten garen, bis er gar, aber noch bissfest ist. Abgießen und unter fließend kaltem Wasser abschrecken. Abtropfen lassen und beiseitestellen.

2 Die Schinkenscheiben längs halbieren und um die Melonenspalten wickeln.

3 Auf einer großen Servierplatte den Spargel und daneben die Salatblätter anrichten und mit etwas Salz und Pfeffer würzen. Die Melonenspalten daraufsetzen.

4 Die Himbeeren um die Melonenspalten herum verteilen und alles mit Parmesan bestreuen. Die Zutaten für das Dressing in ein Schraubglas füllen und kräftig schütteln. Über den Salat gießen und sofort servieren.

Fleisch

Spinatsalat mit Pilzen & Pancetta

Für 4 Personen
- 300 g junge Spinatblätter, gewaschen und abgetropft
- 2 EL Olivenöl
- 150 g Pancetta
- 300 g gemischte Pilze, z.B. Champignons und Austernpilze, in Scheiben geschnitten

Dressing
- 5 EL Olivenöl
- 1 EL Balsamico-Essig
- 1 TL Dijon-Senf
- 1 Prise Zucker
- Salz und Pfeffer

1 Für das Dressing alle Zutaten in einer Schüssel verrühren. Den Spinat in eine große Salatschüssel geben.

2 Das Öl in einer Pfanne erhitzen und die Pancetta darin 3 Minuten anbraten. Die Pilze zufügen und 4–5 Minuten dünsten.

3 Das Dressing zugießen und den gesamten Pfanneninhalt über den Spinat geben. Gut vermengen und sofort servieren.

Fleisch

Eisbergsalat mit Paprika & Pastrami

Für 4 Personen
- 1 Eisbergsalat
- 250 g gegrillte Paprika in Öl
- 125 g sonnengetrocknete Tomaten in Öl
- 100 g entsteinte grüne Oliven
- 125 g Pastrami oder Roastbeef, hauchdünn geschnitten
- frische Basilikumblätter, zum Garnieren

Dressing
- 2 EL Balsamico-Essig
- 1 EL Dijon-Senf
- 1 Prise Zucker
- Salz und Pfeffer

1 Den Salat in mundgerechte Stücke zupfen und in eine Schüssel geben. Paprika und Tomaten abtropfen lassen, dabei 4 Esslöffel des Öls auffangen. Paprika und Tomaten grob hacken und mit den Oliven unter die Salatblätter mischen.

2 Für das Dressing das aufgefangene Öl und die verbliebenen Dressingzutaten in ein kleines Schraubglas füllen und gut schütteln. Die Hälfte des Dressings über den Salat träufeln und alles gut vermengen. Anschließend die Pastrami-Scheiben rüschenförmig auf dem Salat anrichten. Das restliche Dressing über den Salat träufeln und mit Basilikum garniert servieren.

Fleisch

Schinken-Salami-Salat mit Feigen

Für 6 Personen
- 6 vollreife Feigen
- 6 dünne Scheiben Parmaschinken
- 12 dünne Scheiben Salami
- 1 kleines Bund frisches Basilikum, Blätter abgezupft
- einige kleine frische Minzezweige
- 1 Handvoll Rucola

Dressing
- 2 EL Zitronensaft
- 4 EL natives Olivenöl extra
- Salz und Pfeffer

1 Die Feigenstiele kurz über dem Ansatz abtrennen. Die Früchte vierteln. Schinken und Salami auf einer großen Servierplatte anrichten.

2 Kräuter und Rucola waschen und mit den vorbereiteten Feigen in eine Schüssel geben. Zitronensaft und Öl in einer Schale verrühren und kräftig mit Salz und Pfeffer abschmecken.

3 Kräuter, Rucola und Feigen mit der Vinaigrette übergießen und vorsichtig vermengen, bis alle Zutaten fettig glänzen. Die Feigen-Rucola-Mischung auf den Schinken- und Salamischeiben verteilen. Sofort servieren.

Fleisch

Bunter Nudelsalat

Für 4–6 Personen
- 350 g Penne
- 2 EL Pesto
- 3 EL Olivenöl
- 1 orangefarbene Paprika, entkernt und gewürfelt
- 1 gelbe Paprika, entkernt und gewürfelt
- 1 rote Zwiebel, fein gewürfelt
- 80 g entsteinte schwarze Oliven
- 125 g Kirschtomaten, halbiert
- 175 g Mailänder Salami, in kleinen Stücken
- 125 g Mozzarella, in mundgerechte Stücke gezupft
- Salz und Pfeffer
- frisches Basilikum, zum Garnieren

1 In einem großen Topf leicht gesalzenes Wasser zum Kochen bringen. Die Nudeln hineingeben und das Wasser erneut aufkochen. 10–12 Minuten garen, abgießen und in eine Schüssel füllen.

2 Pesto und Olivenöl unter die heißen Nudeln rühren, dann unter gelegentlichem Rühren abkühlen lassen.

3 Paprika, Zwiebel, Oliven, Tomaten, Salami und Mozzarella zu den Nudeln geben und alles gut durchheben. Mit Salz und Pfeffer würzen und mit Basilikum garniert servieren.

Fleisch

Salat mit Pfirsichen & Ziegenkäse

Für 4 Personen
- 4 reife, aber feste Pfirsiche, halbiert und dann in je 6 Spalten geschnitten
- 1 EL Olivenöl
- 2 TL Zitronensaft
- Salz und Pfeffer
- 50 g Feldsalat
- 50 g Frisée
- 125 g milder Ziegenkäse, zerbröckelt
- 4 Scheiben Serrano-Schinken
- 1 EL gehackte geröstete Haselnüsse

Dressing
- 4 EL Olivenöl
- 2 EL Haselnussöl
- 2 EL Rotweinessig
- ½ TL Zucker
- Salz und Pfeffer

1 Für das Dressing alle Zutaten in einer kleinen Schüssel verquirlen.

2 Die Pfirsichspalten in einer Schüssel in Olivenöl und Zitronensaft wenden und leicht mit Salz und Pfeffer würzen.

3 Eine Grillpfanne erhitzen und die Pfirsiche darin bei mittlerer Hitze unter einmaligem Wenden 2–3 Minuten grillen, bis sie braun und etwas weich werden.

4 Feldsalat und Frisée in einer Schüssel mit der Hälfte des Dressings mischen, dann auf 4 Servierteller verteilen. Mit den warmen Pfirsichen, Ziegenkäse und je einer Scheibe Serrano-Schinken belegen.

5 Den Salat mit dem verbliebenen Dressing beträufeln und mit den gerösteten Haselnüssen bestreuen. Sofort servieren.

Geflügel

Geflügel

Waldorfsalat mit Huhn

Für 4–6 Personen
- 500 g rote Äpfel, entkernt und gewürfelt
- 3 EL frisch gepresster Zitronensaft
- 150 ml Mayonnaise
- 1 Bund Stangensellerie
- 4 Schalotten, in Ringen
- 1 Knoblauchzehe, zerdrückt
- 100 g Walnüsse, gehackt
- Salz
- 500 g gekochtes Hühnerfleisch, in Würfeln
- 1 kleiner Romanasalat
- Pfeffer
- gehackte Walnüsse, zum Garnieren

1 Die Äpfel mit dem Zitronensaft und 1 Esslöffel Mayonnaise in eine Schüssel geben. 40 Minuten ziehen lassen. Den Sellerie mit einem scharfen Messer in dünne Scheiben schneiden.

2 Sellerie, Schalotten, Knoblauch und Walnüsse zu den Äpfeln geben und vermengen. Die restliche Mayonnaise einrühren, mit Salz abschmecken und alles gründlich vermischen.

3 Das Hühnerfleisch unter die Apfelmischung heben.

4 Eine Salatschüssel oder mehrere Servierteller mit Salatblättern auslegen. Den Waldorfsalat darauf anrichten, mit Pfeffer bestreuen und mit Walnüssen garniert servieren.

Geflügel

Krönungssalat

Für 4 Personen
- 1 EL Sonnenblumenöl
- 1 EL Cashewkerne
- 1 EL ganze blanchierte Mandeln
- 1 Zwiebel, gehackt
- 1 EL milde Currypaste
- 4 EL Mayonnaise
- 4 EL Naturjoghurt
- 1 EL Mango-Chutney
- 500 g gekochtes Hühnerfleisch, in mundgerechte Stücke gezupft oder geschnitten
- 150 g Salatmischung aus Brunnenkresse, Spinat und Rucola
- 1 kleine Mango, geschält, entkernt und in Scheiben geschnitten
- Salz und Pfeffer
- frische Korianderblätter (nach Belieben), zum Garnieren

1 Das Öl in einer Pfanne erhitzen und Cashewkerne und Mandeln darin 2–3 Minuten goldgelb rösten. Mit einem Schaumlöffel herausheben und auf Küchenpapier abtropfen lassen.

2 Die Zwiebel in die Pfanne geben und 6–7 Minuten sanft goldgelb dünsten. Die Currypaste unterrühren und 1 Minute mitdünsten. Anschließend in eine Schüssel füllen und abkühlen lassen.

3 Mayonnaise, Joghurt und Mango-Chutney mit den Zwiebeln mischen und das Hühnerfleisch zugeben. Alles gründlich vermengen und mit Salz und Pfeffer abschmecken. Die Mangoscheiben behutsam unterheben.

4 Die Salatblätter in eine flache Servierschale geben. Das Hühnerfleisch darauf anrichten. Mit den gerösteten Nüssen bestreuen und nach Belieben mit Korianderblättern garniert servieren.

Geflügel

Hähnchensalat

Für 4 Personen
- 3 EL natives Olivenöl extra
- 1 Hähnchen, etwa 1,3 kg
- 200 ml trockener Weißwein
- 1 Zwiebel, gehackt
- 1 Karotte, gehackt
- 1 Selleriestange, gehackt
- 1 frisches Lorbeerblatt
- Salz und Pfeffer

Marinade
- Salz
- 1 TL schwarze Pfefferkörner
- 4 frische Lorbeerblätter
- 125 ml natives Olivenöl extra

Salat
- 150 g junge Spinatblätter
- 5 zarte Selleriestangen
- 1 Chicorée
- 2 EL natives Olivenöl extra
- 1 TL Weißweinessig
- 1 TL Balsamico-Essig
- Salz

1 Den Backofen auf 180 °C vorheizen. Das Olivenöl in einem Bräter bei mittlerer Hitze erwärmen. Das Hähnchen darin 15 Minuten von allen Seiten anbräunen. Mit dem Wein ablöschen und 2 Minuten köcheln lassen. Gemüse und Lorbeerblatt zugeben und mit Salz und Pfeffer würzen. Den Topf abdecken und in den Ofen stellen. Das Hähnchen 1 Stunde schmoren, dabei alle 20 Minuten wenden. (Es ist gar, wenn beim Anstechen an der dicksten Stelle klarer Fleischsaft austritt.) Das Hähnchen aus dem Backofen nehmen, abkühlen lassen und auf einen Teller heben. Die Haut ablösen. Garsud, Gemüse und Haut wegwerfen. Das Fleisch von den Knochen lösen und in mundgerechte Stücke schneiden.

2 Zum Marinieren das Fleisch mit Salz, Pfefferkörnern und Lorbeerblättern in eine Schüssel geben und mit Öl bedecken. Die Schüssel mit Frischhaltefolie abdecken und für 1–2 Tage in den Kühlschrank stellen. Die Schüssel 2 Stunden vor dem Servieren aus dem Kühlschrank nehmen und das Fleisch abtropfen lassen. Pfeffer und Lorbeer entfernen.

3 Für den Salat Spinat, Sellerie und Chicorée zerkleinern und in einer Schüssel mischen. Olivenöl, Weißweinessig und Salz in einer Schüssel verquirlen, über den Salat gießen und gut vermengen. Auf Servierschalen verteilen und das Fleisch darauf anrichten. Mit Balsamico beträufeln und sofort servieren.

Geflügel

Salat von Hähnchen mit Avocado-Dressing

Für 4–6 Personen
- 2 große Fleischtomaten, in Scheiben geschnitten
- 600 g geräuchertes oder gebratenes Hähnchenbrustfilet, in Scheiben geschnitten
- 250 g Brunnenkresse, geputzt
- 100 g Sojabohnenkeimlinge, abgespült und trockengetupft
- einige Zweige glatte Petersilie oder Koriander, zum Garnieren

Dressing
- 1 Avocado
- 2 EL Zitronensaft
- 1 EL Estragonessig
- 100 g griechischer Joghurt (10 % Fett)
- 1 Knoblauchzehe, zerdrückt
- 1 EL frisch gehackter Estragon
- Salz und Pfeffer

1 Für das Dressing Avocado, Zitronensaft und Essig mit dem Pürierstab glatt pürieren. Joghurt, Knoblauch und Estragon zugeben und nochmals pürieren. Mit Salz und Pfeffer abschmecken. In eine Schüssel füllen und mit Frischhaltefolie abdecken. 2 Stunden im Kühlschrank ziehen lassen.

2 Die Tomatenscheiben auf 4–6 Servierteller geben. Zunächst das Hähnchenfleisch, dann Brunnenkresse und Keimlinge darüber verteilen. Mit Petersilie oder Koriander garnieren.

3 Das Dressing noch einmal abschmecken, über den Salat löffeln und sofort servieren.

Geflügel

Geflügelsalat mit Pestocreme

Für 4–6 Personen
- 600 g gegartes Hähnchenbrustfilet, in mundgerechte Stücke geschnitten
- 3 Selleriestangen, in Scheiben geschnitten
- 2 große eingelegte rote Paprika, abgetropft und in Streifen geschnitten
- Salz und Pfeffer
- einige Blätter vom Eisbergsalat, in Streifen geschnitten

Pestocreme
- 150 g Crème fraîche oder saure Sahne
- 4–5 EL Pesto

1 Für die Pestocreme die Zutaten in einer großen Schüssel verrühren.

2 Hähnchenfleisch, Sellerie und Paprika dazugeben und mit der Pestocreme vermengen. Mit Salz und Pfeffer abschmecken. Die Schüssel abdecken und 30 Minuten kalt stellen.

3 Den Salat 10 Minuten vor dem Servieren aus dem Kühlschrank nehmen und nochmals vermengen. Die Salatblätter auf 4–6 Servierteller verteilen, den Geflügelsalat in die Mitte geben und servieren.

Geflügel

Caesar Salad mit Pancetta

Für 2 Personen
- 12 dünne Scheiben Pancetta oder geräucherter Speck
- 250 g Hähnchenbrustfilet, gewürfelt
- 1 Knoblauchzehe, zerdrückt
- 3 EL Olivenöl
- 1 Ciabattabrötchen, grob gewürfelt
- 1 kleiner Romanasalat, in Stücke gezupft
- frische Parmesanspäne, zum Servieren

Dressing
- 3 EL Mayonnaise
- 2 EL saure Sahne
- 1 EL Milch
- 1 Knoblauchzehe, zerdrückt
- ½ TL Dijon-Senf
- 2 EL fein geriebener Parmesan
- 2 Sardellenfilets in Öl, abgespült und fein gehackt
- Pfeffer

1 Für das Dressing alle Zutaten in einer Küchenmaschine glatt pürieren.

2 Eine beschichtete Pfanne erhitzen und die Pancettascheiben darin bei starker Hitze 2 Minuten goldbraun und knusprig braten. Mit einem Schaumlöffel herausheben und auf Küchenpapier abtropfen lassen. Das Hähnchenfleisch in die Pfanne geben und bei mittlerer bis starker Hitze 5–6 Minuten goldbraun braten. Aus der Pfanne heben und ebenfalls auf Küchenpapier abtropfen lassen.

3 Nun Knoblauch und Öl in die Pfanne geben und die Brotwürfel hinzufügen. Bei starker Hitze unter häufigem Rühren 2–3 Minuten goldgelb und knusprig braten.

4 Salat und Dressing in einer großen Schüssel vermengen. Pancetta und Hähnchen zufügen und vorsichtig unterheben. Die Knoblauch-Croûtons darüberstreuen und mit Parmesanspänen garniert servieren.

Geflügel

Nudelsalat mit Honig & Hähnchen

Für 4 Personen
- 250 g Fusilli
- 2 EL Olivenöl
- 1 Zwiebel, in dünne Ringe geschnitten
- 1 Knoblauchzehe, zerdrückt
- 400 g Hähnchenbrustfilet, in dünnen Scheiben
- 2 EL körniger Senf
- 2 EL Honig
- 175 g Kirschtomaten, halbiert
- 1 Handvoll Rucola
- frische Thymianzweige, zum Garnieren

Dressing
- 3 EL Olivenöl
- 1 EL Sherry-Essig
- 2 TL Honig
- 1 EL frisch gehackter Thymian
- Salz und Pfeffer

1 Für das Dressing alle Zutaten in einer kleinen Schüssel verquirlen.

2 In einem großen Topf leicht gesalzenes Wasser zum Kochen bringen. Die Nudeln darin 10–12 Minuten garen, bis sie al dente sind.

3 Unterdessen das Öl in einer großen Pfanne erhitzen und Zwiebel und Knoblauch darin anbraten. Das Fleisch hinzufügen und unter häufigem Rühren 3–4 Minuten mitbraten, bis es fast gar ist. Senf und Honig in die Pfanne geben und 2–3 Minuten köcheln, bis Geflügel und Zwiebel goldbraun sind.

4 Die Nudeln abgießen und in eine Salatschüssel füllen. Mit dem Dressing übergießen und gut unterheben. Hühnerfleisch und Zwiebel unterrühren und abkühlen lassen.

5 Tomaten und Rucola unter den Salat heben. Mit Thymian garniert servieren.

Geflügel

Hähnchen-Cranberry-Salat

Für 4 Personen
- 120 g getrocknete Cranberrys
- 2 EL Apfelsaft oder Wasser
- 1 gebratenes Hähnchen (1,3 kg)
- 200 g Erbsen, TK-Ware aufgetaut
- 2 Avocados, in mundgerechte Stücke geschnitten
- Saft von ½ Zitrone
- 2 Romanasalatherzen, in einzelne Blätter getrennt
- 1 Bund Brunnenkresse
- 1 Handvoll Rucola

Dressing
- 2 EL Olivenöl
- 1 EL Walnussöl
- 2 EL Zitronensaft
- 1 EL frisch gehackte gemischte Kräuter, z.B. Petersilie und Zitronenthymian
- Salz und Pfeffer

1 Die Cranberrys mit dem Apfelsaft oder Wasser in eine Schüssel geben und verrühren. Abdecken und 30 Minuten quellen lassen.

2 Das Hähnchenbrustfleisch vorsichtig vom Knochen lösen und in dicke Scheiben schneiden. Die Keulen in Unter- und Oberschenkel zerlegen. Die Flügel abtrennen. Alles mit Frischhaltefolie bedecken und kühlen.

3 Salzwasser in einem Topf zum Kochen bringen und die Erbsen darin 6–8 Minuten bissfest garen. Abgießen, unter fließend kaltem Wasser abschrecken und abtropfen lassen.

4 Die Avocadostücke mit dem Zitronensaft beträufeln. Die Salatblätter auf einer Servierplatte verteilen, dann Hähnchen, Erbsen, Avocado, Rucola und Brunnenkresse darauf anrichten.

5 Die Zutaten für das Dressing in ein Schraubglas füllen, kräftig schütteln und über den Salat gießen. Die Cranberrys abtropfen lassen, über den Salat streuen und sofort servieren.

Geflügel

Hähnchen-Grapefruit-Salat

Für 4 Personen
- 2 Hähnchenbrustfilets (à 175 g)
- 1 Bouquet garni
- einige schwarze Pfefferkörner
- 2 rosafarbene Grapefruits
- 3 Salatherzen, in Blätter getrennt
- 1 Chicorée, in Blätter getrennt
- frische Kerbelzweige, zum Garnieren

Dressing
- 1 EL natives Olivenöl extra
- 3 EL griechischer Joghurt (10 % Fett)
- 1 TL körniger Senf
- 1 Prise Zucker
- 1 EL frisch gehackter Kerbel
- Salz und Pfeffer

1 Das Geflügelfleisch in einem großen Topf mit Wasser bedecken. Das Bouquet garni und die Pfefferkörner zufügen und aufkochen. Abdecken und 25–30 Minuten köcheln lassen, bis das Fleisch gerade eben gar ist. Vom Herd nehmen und das Fleisch abgedeckt im Sud abkühlen lassen.

2 Mit einem Sägemesser Schale und weiße Haut der Grapefruits entfernen. Die Grapefruits über eine Schüssel halten, um den Saft aufzufangen, und filetieren. 2 Esslöffel des Safts beiseitestellen.

3 Die Salatblätter und die Grapefruitfilets in einer Schüssel mischen.

4 Für das Dressing alle Zutaten in einer kleinen Schüssel mit dem Grapefruitsaft sorgfältig verquirlen.

5 Das pochierte Hähnchen abgießen und mit Küchenpapier trockentupfen. In mundgerechte Stücke zupfen oder in dünne Scheiben schneiden. Auf den Salat geben, mit Dressing beträufeln und mit Kerbelzweigen garnieren.

Geflügel

Hähnchen-Avocado-Salat

Für 4 Personen
- 125 g gemischte Salatblätter, z.B. Lollo rosso, Endivie, Frisée und Radicchio
- 400 g gekochtes Hähnchenfilet, in mundgerechte Stücke gezupft
- 2 Satsumas, in Spalten geteilt
- 2 Selleriestangen, in dünne Scheiben geschnitten
- ½ rote Zwiebel, halbiert und in dünne Ringe geschnitten
- 2 EL Schnittlauchröllchen
- 2 Avocados
- geröstete Sonnenblumenkerne, zum Garnieren
- Pitabrot, zum Servieren

Dressing
- 125 ml natives Olivenöl extra
- 3 EL Reisweinessig
- ½ TL Dijon-Senf
- Salz und Pfeffer

1 Für das Dressing alle Zutaten in ein kleines Schraubglas füllen und gut schütteln.

2 Die Salatblätter in eine Schüssel füllen und behutsam in etwa einem Drittel des Dressings wenden. Hähnchenfleisch, Satsumas, Sellerie, Zwiebel, Schnittlauch und das verbliebene Dressing zufügen und alles nochmals durchheben.

3 Die Avocado halbieren, entkernen und schälen. Das Fruchtfleisch in dünne Scheiben schneiden, zum Salat geben und nochmals behutsam durchheben. Die Avocados müssen vollständig mit Dressing überzogen sein, sonst werden sie braun.

4 Auf einzelne Servierteller verteilen, mit den Sonnenblumenkernen bestreuen und mit Pitabrot servieren.

Geflügel

Cajun-Hähnchensalat

Für 4 Personen
- 4 Hähnchenbrustfilets (à 140 g)
- 4 TL Cajun-Gewürzmischung
- 2 TL Sonnenblumenöl
- 1 vollreife Mango, in dicke Scheiben geschnitten
- 200 g gemischte Salatblätter, z.B. Frisée und Feldsalat
- 1 rote Zwiebel, halbiert und in Ringe geschnitten
- 175 g gekochte Rote Beten, gewürfelt
- 100 g Radieschen, in Scheiben geschnitten
- 50 g Walnusskerne
- 2 EL Sesamsaat, zum Garnieren

Dressing
- 4 EL Walnussöl
- 1–2 TL Dijon-Senf
- 1 EL Zitronensaft
- Salz und Pfeffer

1 Jedes Hähnchenbrustfilet dreimal schräg einschneiden. Rundum mit der Gewürzmischung einreiben und in eine flache Form legen. Abdecken und 30 Minuten im Kühlschrank marinieren.

2 Das Sonnenblumenöl in einer Pfanne stark erhitzen. Die Hähnchenbrustfilets von jeder Seite etwa 8 Minuten braten, bis sie durchgegart sind. Aus der Pfanne nehmen und beiseitestellen.

3 Die Mangoscheiben in die Pfanne geben und von jeder Seite 2 Minuten anbraten. Herausnehmen und beiseitestellen.

4 Die Salatblätter mit Zwiebel, Roten Beten, Radieschen und Walnüssen in eine Schüssel geben.

5 Die Zutaten für das Dressing in ein Schraubglas füllen und kräftig schütteln. Über den Salat gießen und gut vermengen.

6 Den Salat auf eine Servierplatte geben und die Mangoscheiben und Hähnchenbrustfilets darauf anrichten. Mit Sesam bestreut servieren.

Geflügel

Bunter Salat mit Grillhähnchen

Für 4 Personen
- 1 EL Olivenöl
- 4 EL Tomatensauce
- 1 EL Honig
- 1 EL Worcestersauce
- 1 TL Senfpulver
- Salz und Pfeffer
- 4 Hähnchenbrustfilets mit Haut (à 140 g)
- 4 Salatherzen, in einzelne Blätter getrennt
- 4 Karotten, grob gehackt
- 6 EL Maiskörner aus der Dose, abgetropft
- ½ rote Paprika, in dünne Streifen geschnitten
- Schnittlauchröllchen, zum Garnieren (nach Belieben)

Dressing
- 6 EL saure Sahne
- 2 EL feine Schnittlauchröllchen
- Salz und Pfeffer

1 Öl, Tomatensauce, Honig, Worcestersauce und Senfpulver in einer flachen Schüssel gut verrühren. Mit Salz und Pfeffer würzen. Das Hähnchenfleisch darin wenden. Abdecken und im Kühlschrank 3–4 Stunden oder über Nacht marinieren.

2 Den Backofen auf 200 °C vorheizen. Die Filets auf einen Rost über eine Fettpfanne legen. Verbliebene Marinade darübergeben und das Fleisch 40–45 Minuten im vorgeheizten Ofen grillen, bis es gar und außen knusprig braun ist. 5 Minuten abkühlen lassen.

3 Salatblätter, Karotten, Mais und Paprika auf 4 Servierteller verteilen. Für das Dressing saure Sahne und Schnittlauch in einer kleinen Schüssel glatt rühren und mit Salz und Pfeffer abschmecken.

4 Das Fleisch in dünne Scheiben schneiden und auf den Salat legen. Nach Belieben mit frischem Schnittlauch servieren.

Geflügel

Tex-Mex-Hähnchen

Für 4 Personen
- 500 g Hähnchenbrustfilet, in Scheiben geschnitten
- 2 EL Limettensaft
- 2 EL Olivenöl
- je 1 TL Pfeffer, getrockneter Oregano und mildes Chilipulver
- 1 Zwiebel, in dünne Spalten geschnitten
- 1 rote Paprika, in dicke Streifen geschnitten
- 200 g gemischte Salatblätter
- Limettenscheiben und saure Sahne, zum Servieren

Avocadosalsa
- 1 reife Avocado, fein gewürfelt
- 2 reife Tomaten, fein gehackt
- 1 EL frisch gehackte Korianderblätter
- 1 EL Limettensaft
- Salz und Pfeffer

1 Für die Avocadosalsa die Avocado in eine kleine Schüssel geben und mit Tomaten, Koriander und Limettensaft mischen. Mit Salz und Pfeffer würzen. Die Schüssel mit Frischhaltefolie abdecken und in den Kühlschrank stellen.

2 Fleisch, Limettensaft, Öl, Pfeffer, Oregano und Chilipulver in eine Schüssel geben und gut vermengen. Abdecken und 1 Stunde bei Zimmertemperatur marinieren.

3 Eine gusseiserne Grillpfanne sehr stark erhitzen und die Fleischscheiben darin 5–6 Minuten unter gelegentlichem Wenden braten, bis das Fleisch gar und außen knusprig braun ist. Aus der Pfanne nehmen und warm halten. Zwiebel und Paprika in die Pfanne geben und unter einmaligem Wenden 3–4 Minuten grillen, bis das Gemüse gerade weich ist.

4 Die Salatblätter auf 4 Servierteller verteilen und Fleisch, Zwiebel und Paprika darauf anrichten. Sofort mit Avocadosalsa, Limettenscheiben und saurer Sahne servieren.

Geflügel

Thai-Salat mit Geflügel

Für 6 Personen
- 1 EL Pflanzenöl
- 1 Hähnchenbrustfilet, ca. 125 g, horizontal längs halbiert
- 25 g Reis-Vermicelli
- scharfes, fettarmes Dressing Ihrer Wahl (Fertigprodukt)
- 3 Limetten, halbiert, zum Beträufeln

Salat
- je 50 g Paprika, Karotten, Zucchini, Zuckerschoten und Baby-Maiskolben, in feinen Streifen
- 50 g Brokkoliröschen, in 5 mm dicken Stücken
- 50 g Pak Choi, geraspelt
- 4 EL grob gehackte frische Korianderblätter

1 Eine Grillpfanne dünn mit Öl bepinseln und stark erhitzen. Das Hähnchenfleisch darin 2 Minuten auf jeder Seite grillen, bis es gar ist. Aus der Pfanne nehmen und in mundgerechte Stücke zupfen.

2 Die Vermicelli gemäß Packungsangabe garen.

3 Für den Salat alle Salatzutaten mit dem Hähnchenfleisch in eine große Schüssel geben. Das Dressing darüberträufeln und unterheben, bis es sich verteilt hat. Abdecken und im Kühlschrank mindestens 2 Stunden ziehen lassen.

4 Auf großen Tellern servieren und über jedem Teller den Saft einer halben Limette auspressen.

Geflügel

Chinesischer Hähnchensalat

Für 4 Personen

- 500 g Hähnchenbrustfilet, in mundgerechte Stücke geschnitten
- 2 TL Sojasauce
- ¼ TL frisch gemahlener weißer Pfeffer
- 2 EL Erdnussöl, plus Öl zum Frittieren
- 50 g Reis-Vermicelli
- ½ Chinakohl, in feine Streifen geschnitten
- 3 Frühlingszwiebeln, schräg in Ringe geschnitten
- 40 g Mandelhälften
- 2 TL Sesamsaat, zum Garnieren

Dressing

- 5 EL natives Olivenöl extra
- 3 EL Reisessig
- 3 EL Sojasauce
- einige Tropfen Sesamöl
- Salz und Pfeffer

1 Das Hähnchenfleisch mit Sojasauce beträufeln und mit Pfeffer bestreuen. Die Zutaten für das Dressing in einer kleinen Schüssel sorgfältig verrühren.

2 Einen Wok stark erhitzen, dann das Erdnussöl hineingeben. Das Hähnchenfleisch darin etwa 4–5 Minuten unter Rühren anbraten, bis es knusprig braun ist. Herausnehmen, auf Küchenpapier abtropfen und abkühlen lassen. Den Wok mit Küchenpapier auswischen.

3 Ausreichend Erdnussöl zum Frittieren in den Wok gießen und auf 180 °C erhitzen (ein Brotwürfel bräunt darin in 30 Sekunden). Die Reisnudeln portionsweise frittieren, bis sie gepufft und knusprig sind. Herausnehmen und auf Küchenpapier abtropfen lassen.

4 Die Kohlstreifen auf eine Servierplatte geben. Die Nudeln darauf anhäufen. Hähnchenfleisch, Frühlingszwiebeln und Mandeln ringsum verteilen. Das Dressing nochmals kurz verrühren und über den Salat träufeln. Mit dem Sesam bestreuen und sofort servieren.

Geflügel

Geflügelsalat mit Ingwer & Gemüse

Für 4 Personen
- 4 Hähnchenbrustfilets, in 3 cm große Würfel geschnitten
- 4 Frühlingszwiebeln, gehackt
- 3-cm-Stück Ingwer, geschält und fein gehackt
- 2 Knoblauchzehen, zerdrückt
- 2 EL Pflanzenöl, plus etwas Öl zum Braten

Gemüsesalat
- 1 EL Pflanzenöl
- 1 Zwiebel, in Ringe geschnitten
- 2 Knoblauchzehen, gehackt
- 120 g Baby-Maiskolben, halbiert
- 120 g Zuckerschoten, längs halbiert
- 1 rote Paprika, in Streifen geschnitten
- 8-cm-Stück Salatgurke, geschält, entkernt und in Streifen geschnitten
- 4 EL Sojasauce
- 1 EL brauner Zucker
- einige Thai-Basilikumblätter
- 175 g dünne chinesische Eiernudeln

1 Geflügel, Frühlingszwiebeln, Ingwer, Knoblauch und Öl in einer flachen Schüssel mischen. Mindestens 3 Stunden marinieren. Das Fleisch aus der Marinade nehmen und beiseitestellen.

2 Für den Gemüsesalat das Öl in einem Wok erhitzen. Zwiebel und Knoblauch 1–2 Minuten darin anbraten, dann Mais, Zuckerschoten und Paprika zugeben. Alles 2–3 Minuten braten, bis das Gemüse gerade weich ist. Gurke, die Hälfte der Sojasauce, Zucker und Thai-Basilikum zugeben und vorsichtig unterheben.

3 Die Nudeln nach Packungsanweisung garen und abtropfen lassen. Mit der restlichen Sojasauce beträufeln und auf 4 Teller verteilen. Das Gemüse darübergeben.

4 Etwas Öl in den Wok geben und die Fleischwürfel darin bei starker Hitze rundum braun anbraten. Auf dem Salat anrichten und lauwarm servieren.

Geflügel

Truthahnsalat mit Erdnüssen

Für 4 Personen
- 250 g Chinakohl, in mundgerechte Stücke gezupft
- 2 Karotten, in dünne Stifte geschnitten
- ½ Salatgurke, entkernt und in dünne Stifte geschnitten
- 50 g Sojabohnenkeimlinge
- 400 g Truthahnbratenaufschnitt, in mundgerechte Stücke gezupft
- 1 EL geröstete Sesamsaat
- 1 EL gesalzene Erdnüsse, gehackt

Dressing
- 4 EL feine Erdnussbutter
- 2 EL süße Chilisauce
- 1 EL Sojasauce
- 1 EL Reisessig
- 1 EL Sonnenblumenöl
- 1 EL geröstetes Erdnussöl

1 Für das Dressing die Erdnussbutter in eine hitzebeständige Schüssel füllen. Die Schüssel im Wasserbad über siedendem Wasser sanft erhitzen, bis die Erdnussbutter geschmolzen ist. Dann Chilisauce, Sojasauce und Reisessig unterrühren. Vom Herd nehmen und nach und nach Sonnenblumen- und Erdnussöl unterrühren, bis eine glatte, flüssige Konsistenz erreicht ist.

2 Die Chinakohlblätter auf einer Servierplatte verteilen und mit Karotten, Gurke und Keimlingen belegen. Darauf den Aufschnitt anrichten und mit dem warmen Dressing beträufeln. Mit Sesamsaat und Erdnüssen bestreuen und sofort servieren.

Geflügel

Couscous-Salat mit Pute

Für 4 Personen
- 200 g Couscous
- 5 EL Olivenöl
- 3 EL Rotweinessig
- 350 g Putenbrustfilet, gewürfelt
- 1 TL Harissa
- 175 g Zucchini, gewürfelt
- 1 Zwiebel, gehackt
- 100 g getrocknete Aprikosen, gehackt
- 2 EL geröstete Pinienkerne
- 2 EL frisch gehackter Koriander
- Salz und Pfeffer
- frische Korianderzweige, zum Garnieren

1 Den Couscous in eine große, hitzebeständige Schüssel füllen und mit kochendem Wasser bedecken. Gut umrühren, dann abdecken und etwa 15 Minuten ziehen lassen, bis die gesamte Flüssigkeit aufgesogen ist. Eventuelle Klumpen mit einer Gabel zerdrücken und je 3 Esslöffel Olivenöl und Essig unterrühren. Mit reichlich Salz und Pfeffer würzen.

2 Das restliche Öl in einer großen Pfanne erhitzen und Putenfleisch und Harissa darin 3 Minuten unter häufigem Wenden anbraten, bis das Fleisch nicht mehr rosa aussieht. Zucchini und Zwiebel zufügen und unter Rühren weitere 10–12 Minuten braten, bis Fleisch und Gemüse goldbraun und gar sind.

3 Fleisch und Gemüse mit Aprikosen und Pinienkernen unter den Couscous rühren. 10 Minuten kalt stellen, dann den gehackten Koriander unterheben und nochmals mit Salz und Pfeffer abschmecken. Den Couscous-Salat auf kleine Servierschalen verteilen und mit Korianderzweigen garnieren.

Geflügel

Reissalat mit Putenbruststreifen

Für 4 Personen
- 1 l Hühnerbrühe
- 175 g gemischter Langkorn- und Wildreis
- 2 EL Sonnenblumen- oder Maiskeimöl
- 250 g Putenbrustfilet, in feine Streifen geschnitten
- 250 g Zuckerschoten
- 125 g Austernpilze, in Stücke gezupft
- 50 g Pistazienkerne, gehackt
- 2 EL frisch gehackter Koriander
- 1 EL frisch gehackter chinesischer Schnittlauch (Schnittknoblauch), plus etwas mehr zum Garnieren
- 1 EL Balsamico-Essig
- Salz und Pfeffer

1 Von der Hühnerbrühe 4 Esslöffel zurückbehalten, den Rest in einem großen Topf zum Kochen bringen. Den Reis zugeben und 20–30 Minuten garen. Abgießen, abtropfen und abkühlen lassen.

2 Währenddessen 1 Esslöffel Öl in einem Wok oder einer großen Pfanne mit Deckel erhitzen. Die Putenbruststreifen darin 4–5 Minuten braten, bis sie durchgegart sind. Mit einem Schaumlöffel herausnehmen und in eine Servierschüssel geben. Zuckerschoten und Pilze in den Wok geben und kurz anbraten. Die zurückbehaltene Brühe zugießen und zum Kochen bringen. Die Hitze reduzieren, den Wok bedecken und alles 3–4 Minuten garen. Das Gemüse zu den Putenstreifen geben.

3 Reis, Pistazien, Koriander, Schnittlauch, restliches Öl und Essig in die Schüssel füllen und alles vermengen. Mit Salz und Pfeffer abschmecken, mit Schnittlauch garnieren und servieren.

Geflügel

Mit Pute gefüllte Pitas

Ergibt 2 Stück
- 1 kleine Handvoll junger Blattspinat, zerkleinert
- ½ rote Paprika, in dünne Streifen geschnitten
- ½ Karotte, grob gerieben
- 4 EL Hummus
- 80 g gegartes Putenbrustfilet oder Bratenaufschnitt, in dünne Streifen geschnitten
- ½ EL geröstete Sonnenblumenkerne
- 1 Vollkornpitabrot
- Salz und Pfeffer

1 Den Backofengrill stark erhitzen. Spinat, Paprika, Karotte und Hummus in einer großen Schüssel gründlich vermengen. Putenfleisch und Sonnenblumenkerne unterrühren und mit Salz und Pfeffer würzen.

2 Das Pitabrot unter dem Backofengrill etwa 1 Minute von jeder Seite erwärmen, jedoch nicht anbräunen. Halbieren und so zwei „Brottaschen" herstellen.

3 Den Salat auf die Taschen verteilen und servieren.

Geflügel

Salat mit Entenbrust

Für 4 Personen
- 2 Entenbrustfilets
- 1 Salatherz, zerpflückt
- 125 g Sojabohnenkeimlinge
- 1 gelbe Paprika, in feine Streifen geschnitten
- ½ Salatgurke, entkernt und in Stifte geschnitten

Zum Garnieren
- 2 TL geriebene Limettenschale
- 2 EL Kokosraspeln

Dressing
- Saft von 2 Limetten
- 3 EL thailändische Fischsauce
- 1 EL brauner Zucker
- 2 TL süße Chilisauce
- 3-cm-Stück Ingwer, geschält und fein gerieben
- 3 EL frisch gehackte Minze
- 3 EL frisch gehacktes Basilikum

1 Den Backofen auf 200 °C vorheizen. Die Entenbrustfilets auf den Grillrost legen und eine Fettpfanne darunterschieben. 20–30 Minuten braten, bis der gewünschte Gargrad erreicht und die Haut ganz kross ist. Aus dem Ofen nehmen und abkühlen lassen.

2 Salatblätter, Sojabohnenkeimlinge, Paprika und Gurke in einer großen Salatschüssel vermengen. Die Entenbrustfilets in Scheiben schneiden und zum Salat geben.

3 Für das Dressing alle Zutaten in einer Schüssel verrühren und über den Salat gießen. Gut vermengen.

4 Den Salat mit Limettenschale und Kokosraspeln bestreut servieren.

Geflügel

Warmer Entenbrustsalat mit Orange

Für 4 Personen
- 2 große Orangen
- 4 Entenbrustfilets (à 175 g)
- 12 kleine Schalotten, halbiert
- 1 EL Zucker
- 2 EL Olivenöl
- 1 EL Rotweinessig
- 1 Handvoll junger Blattspinat
- 1 Handvoll roter junger Mangold
- Salz und Pfeffer

1 Eine Orange halbieren und auspressen. Von der anderen Orange mit einem Sägemesser Schale und weiße Haut entfernen. Das Fruchtfleisch in dünne Scheiben schneiden.

2 Den Backofen auf 200 °C vorheizen. Die Entenbrustfilets mit Salz und Pfeffer würzen. Eine Pfanne erhitzen und die Entenbrustfilets mit der Hautseite nach unten bei mittlerer bis Hitze 5–6 Minuten braten, bis die Haut goldbraun ist. Wenden und 1 weitere Minute braten. Die Brustfilets in einen Bräter legen und im Ofen 10 Minuten garen, bis das Fleisch rosa ist. Soll das Fleisch durchgebraten sein, einige Minuten länger garen. Herausnehmen und beiseitestellen.

3 Den Bräter auf den Herd stellen, die Schalotten hineingeben und im Fett wenden. 7–8 Minuten goldgelb braten. Mit einem Schaumlöffel herausheben und warm halten. Den Orangensaft in den Bräter gießen und aufkochen. Zucker, Öl und Essig unterrühren und einkochen. Mit Salz und Pfeffer würzen.

4 Spinat, Mangold und Orangenscheiben auf 4 Teller verteilen. Jede Entenbrust in Scheiben schneiden und mit den Schalotten auf dem Salat anrichten. Mit dem Dressing beträufeln und sofort servieren.

Geflügel

Entenbrust-Radieschen-Salat

Für 4 Personen
- 400 g Entenbrustfilets
- 2 EL Mehl
- Salz und Pfeffer
- 1 Ei
- 2 EL Wasser
- 2 EL Sesamsaat
- 3 EL Sesamöl
- ½ Chinakohl, in Streifen geschnitten
- 3 Selleriestangen, schräg in feine Scheiben geschnitten
- 8 Radieschen, geputzt und halbiert
- frische Basilikumblätter, zum Garnieren

Dressing
- abgeriebene Schale von 1 Limette
- 2 EL Limettensaft
- 2 EL Olivenöl
- 1 EL helle Sojasauce
- 1 EL frisch gehacktes Basilikum
- Salz und Pfeffer

1 Die Filets vorsichtig mit einem Fleischklopfer oder einem Teigroller leicht plattieren. Das Mehl auf einen flachen Teller streuen und mit etwas Salz und Pfeffer mischen. Ei und Wasser in einem tiefen Teller verquirlen. Die Sesamsaat auf einen dritten Teller streuen.

2 Die Entenbrustfilets erst im Mehl, dann in der Eiermischung und zuletzt im Sesam wenden. Das Sesamöl in einer großen Pfanne erhitzen. Die Filets je 4 Minuten von jeder Seite braten. Um zu prüfen, ob das Fleisch gar ist, an der dicksten Stelle mit einem Metallspieß einstechen. Der austretende Saft sollte klar sein. Herausnehmen und auf Küchenpapier abtropfen lassen.

3 Für das Dressing alle Zutaten in einer Schüssel verrühren und mit Salz und Pfeffer abschmecken. Chinakohl, Sellerie und Radieschen auf 4 Schalen verteilen. Das Fleisch in Scheiben schneiden und anrichten.

4 Mit dem Dressing beträufeln und mit Basilikum garnieren. Sofort servieren.

Geflügel

Salat mit Ente & süßem Chilidressing

Für 4 Personen
- 2 Entenkeulen (à 175 g)
- 300 ml kochendes Wasser
- 1 TL Fünf-Gewürze-Pulver
- 175 g Zuckerschoten
- 1 kleiner Eisbergsalat, in feinen Streifen
- 2 Selleriestangen, in sehr dünne Scheiben geschnitten
- 6 Frühlingszwiebeln, in dünne Ringe geschnitten

Dressing
- 1 EL Sonnenblumenöl
- 3 EL süße Chilisauce
- 1 EL Reisessig
- Salz und Pfeffer

1 Den Backofen auf 200 °C vorheizen. Die Entenkeulen in einen Bräter geben und die Haut mit kochendem Wasser übergießen. Das Wasser abgießen und die Keulen mit Küchenpapier trockentupfen.

2 Die Keulen mit Fünf-Gewürze-Pulver einreiben und 1¼–1½ Stunden im vorgeheizten Ofen schmoren, bis sie gar sind und die Haut goldbraun und knusprig ist. 10 Minuten abkühlen lassen.

3 Für das Dressing alle Zutaten in einer kleinen Schüssel verquirlen.

4 In einem kleinen Topf Wasser zum Kochen bringen und die Zuckerschoten darin 2 Minuten blanchieren. Abgießen und unter fließend kaltem Wasser abschrecken. Längs in Streifen schneiden und mit Salat, Sellerie und fast allen Frühlingszwiebeln in einer Schüssel gut mischen.

5 Die Haut der Entenkeulen abziehen und in dünne Streifen schneiden. Dann das Fleisch mit zwei Gabeln von den Knochen lösen.

6 Den Salat auf eine Platte geben. Entenfleisch und knusprige Haut darauf anrichten. Mit dem Dressing beträufeln und mit den restlichen Frühlingszwiebeln garnieren. Sofort servieren.

Geflügel

Nudelsalat mit Entenbrust & Erdnusssauce

Für 3 Personen
- 2 Karotten
- 2 Selleriestangen
- 1 Salatgurke
- 400 g Entenbrustfilets
- 350 g breite asiatische Reisnudeln, nach Packungsanweisung gegart, abgespült und abgetropft

Erdnusssauce
- 2 Knoblauchzehen, zerdrückt
- 2 EL dunkelbrauner Zucker
- 2 EL Erdnussbutter
- 2 EL Kokoscreme
- 2 EL Sojasauce
- 2 EL Reisessig
- 2 EL Sesamöl
- ½ TL Pfeffer
- ½ TL Fünf-Gewürze-Pulver
- ½ TL Ingwerpulver

1 Den Backofengrill stark vorheizen. Karotten, Sellerie und Gurke in dünne Streifen schneiden und beiseitestellen.

2 Die Entenbrustfilets von jeder Seite etwa 5 Minuten unter dem Backofengrill grillen, bis sie gar sind. Abkühlen lassen.

3 Unterdessen alle Zutaten für die Erdnusssauce in einem kleinen Topf erhitzen, bis der Zucker aufgelöst ist. Die Sauce glatt rühren.

4 Die Nudeln auf 3 Servierschalen verteilen und das klein geschnittene Gemüse darauf anrichten. Das Entenfleisch in Scheiben schneiden, auf die Schalen verteilen und mit der Sauce übergießen. Sofort servieren.

Geflügel

Fruchtig-scharfer Entenbrustsalat

Für 4 Personen
- 175 g Entenbrustfilet ohne Haut
- 1 TL Sonnenblumenöl
- 3-cm-Stück Ingwer, gerieben
- 1 frische Serrano-Chili, entkernt und in Scheiben geschnitten
- 1 rote Zwiebel, in Spalten geschnitten
- 2 Selleriestangen, in feine Scheiben geschnitten
- 1 kleine rote Paprika, in feine Streifen geschnitten
- 1 EL Sojasauce
- 125 g Zucchini, in Scheiben geschnitten
- 2 reife feste Pflaumen, in feine Spalten geschnitten
- 100 g Pak Choi, in Streifen geschnitten
- 1 EL frisch gehackter Koriander

1 Die Entenbrust in feine Streifen schneiden. Das Öl in einem Wok erhitzen und Ingwer, Chili und Entenbruststreifen darin 2 Minuten pfannenrühren, bis das Fleisch gebräunt ist.

2 Zwiebel, Sellerie und Paprika zufügen und weitere 3 Minuten braten.

3 Sojasauce, Zucchini und Pflaumen zugeben und noch 2 Minuten pfannenrühren. Pak Choi und Koriander unterheben und 1 Minute braten. Auf 4 Teller verteilen und lauwarm servieren.

Fisch & Meeresfrüchte

Fisch & Meeresfrüchte

Salade niçoise mit Nudeln

Für 4 Personen
- 350 g Conchiglie
- 125 g grüne Bohnen
- 50 g Sardellenfilets aus der Dose, abgetropft
- 2 EL Milch
- 2 Salatherzen, in einzelne Blätter zerteilt
- 3 Fleischtomaten
- 4 Eier, hart gekocht
- 250 g Thunfisch aus der Dose, abgetropft
- 125 g schwarze Oliven, entsteint

Vinaigrette
- 3 EL natives Olivenöl extra
- 2 EL Weißweinessig
- 1 TL körniger Senf
- Salz und Pfeffer

1 Leicht gesalzenes Wasser in einem großen Topf zum Kochen bringen. Die Pasta darin nach Packungsangabe al dente garen. Abgießen und unter kaltem Wasser abspülen.

2 Salzwasser in einem kleinen Topf aufkochen. Die Bohnen darin 10–12 Minuten bissfest garen. Abgießen, unter fließend kaltem Wasser abspülen und gut abtropfen lassen. Beiseitestellen. Sardellen in einer Schüssel mit Milch bedecken und 10 Minuten ziehen lassen. Die Salatblätter in mundgerechte Stücke zupfen.

3 Die Tomaten in einem Topf mit kochendem Wasser 1–2 Minuten blanchieren, abgießen und abtropfen lassen. Dann häuten und grob hacken. Die Eier schälen und vierteln. Den Thunfisch mit einer Gabel etwas auflockern.

4 Sardellen und Nudeln abtropfen lassen. Alle Salatzutaten in eine große Schüssel geben und vermengen.

5 Für die Vinaigrette alle Zutaten verquirlen und bis zur Verwendung kalt stellen. Die Vinaigrette erst kurz vor dem Servieren über den Salat gießen und vorsichtig unterheben.

Fisch & Meeresfrüchte

Salat mit süßem Thunfisch

Für 4 Personen
- 180 g frische Sojabohnenkeimlinge
- 10-cm-Stück Salatgurke
- 20 g frische Korianderblätter
- 20 g frische Minzeblätter
- 1 Prise Salz
- 1 TL Sesamöl, plus etwas mehr zum Beträufeln
- 1 EL Erdnussöl
- 450 g frisches Thunfischfilet, in 3 cm große Würfel geschnitten
- 2 EL gesalzene, geröstete Erdnüsse, gehackt, zum Garnieren

Dressing
- 2 TL Rapsöl
- 1 TL geriebener Ingwer
- ½–1 kleine, frische rote Chili, entkernt und fein gehackt
- 4 EL helle Sojasauce
- 1 EL thailändische Fischsauce
- 1 EL Tamarindenpaste
- 6 EL brauner Zucker

1 Für das Dressing einen Wok stark erhitzen, dann das Öl hineingeben. Ingwer und Chili darin einige Sekunden unter Rühren anbraten. Sojasauce, Fischsauce und Tamarindenpaste zugeben und 30 Sekunden garen. Den Zucker einstreuen und unter Rühren auflösen. Den Wok vom Herd nehmen.

2 Die Sojabohnenkeimlinge in ein Sieb geben, mit kochendem Wasser übergießen und gut abtropfen lassen. Mit Küchenpapier trockentupfen. Die Gurke schälen, längs halbieren und die Kerne herauslösen. Die Gurkenhälften schräg in Scheiben schneiden.

3 Sojabohnenkeimlinge, Gurke, Koriander und Minze in eine Schüssel geben. Salzen und mit etwas Sesamöl beträufeln. Die Zutaten gut vermengen und auf Serviertellern anrichten.

4 Den Wok stark erhitzen, dann Sesam- und Erdnussöl hineingeben. Die Thunfischwürfel darin kurz von allen Seiten anbraten, bis sie außen gebräunt, innen aber noch roh sind. Auf den Salatportionen verteilen.

5 Das Dressing nochmals kurz erhitzen und, falls nötig, mit etwas Wasser strecken. Über die Thunfischwürfel träufeln. Mit Erdnüssen garnieren und servieren.

Fisch & Meeresfrüchte

Kartoffelsalat mit Thunfisch & Linsen

Für 4 Personen
- 200 g Puy-Linsen oder braune Linsen
- 2 EL Olivenöl, plus etwas mehr zum Bestreichen
- 300 g kleine neue Kartoffeln
- 1 Salatherz
- 400 g frische Thunfischsteaks
- 12 Kirschtomaten, halbiert
- 1 Handvoll Rucola
- Salz und Pfeffer

Dressing
- 5 EL fruchtiges Olivenöl
- 1 EL Balsamico-Essig
- 2 TL Rotweinessig
- 1 TL Dijon-Senf
- 1 TL brauner Zucker

1 Die Linsen in einem Topf mit kochendem Wasser garen (25 Minuten oder länger). Abgießen, in eine Schüssel füllen und das Öl unterrühren.

2 Unterdessen die Kartoffeln in einem Topf mit kaltem Wasser bedecken. Zum Kochen bringen, abdecken und 15 Minuten sanft köcheln lassen, bis sie gerade gar sind.

3 Das Salatherz in 8 gleich große Stücke schneiden und auf 4 Servierteller verteilen.

4 Für das Dressing alle Zutaten in ein kleines Schraubglas füllen und gut schütteln.

5 Wenn die Kartoffeln fast gar sind, eine Grillpfanne leicht mit Öl bestreichen und stark erhitzen. Die Thunfischsteaks darin 1–2 Minuten von jeder Seite braten. Aus der Pfanne heben und in mundgerechte Stücke teilen.

6 Die Kartoffeln abgießen und größere Exemplare grob zerkleinern. Mit Linsen, Thunfisch und Tomaten auf die 4 Teller geben, mit Rucola bestreuen und mit Dressing beträufeln. Sofort servieren.

Fisch & Meeresfrüchte

Thunfischsalat mit zweierlei Bohnen

Für 4 Personen
- 200 g grüne Bohnen
- 400 g weiße Bohnen aus der Dose, z.B. Cannellini, abgespült und abgetropft
- 4 Frühlingszwiebeln, fein gehackt
- 2 Thunfischsteaks à 225 g (2 cm dick), halbiert
- Olivenöl, zum Einpinseln
- 250 g Kirschtomaten, halbiert
- 1 Salatherz, in einzelne Blätter getrennt
- Salz und Pfeffer
- frische Minzezweige und Petersilienzweige, zum Garnieren

Dressing
- 1 Handvoll frische Minze, gehackt
- 1 Handvoll frische Petersilie, gehackt
- 1 Knoblauchzehe, zerdrückt
- 4 EL natives Olivenöl extra
- 1 EL Rotweinessig
- Salz und Pfeffer

1 Für das Dressing alle Zutaten in ein Schraubglas geben und gut schütteln.

2 Salzwasser in einem Topf zum Kochen bringen und die grünen Bohnen darin 6 Minuten garen. Die weißen Bohnen zufügen und noch einige Minuten garen, bis die grünen Bohnen bissfest sind. Abgießen und abtropfen lassen. Zusammen mit den Frühlingszwiebeln in eine Salatschüssel geben und mit dem Dressing vermengen.

3 Eine Grillpfanne stark erhitzen. Die Thunfischsteaks mit Öl einpinseln, mit Salz und Pfeffer würzen und von jeder Seite 2–4 Minuten braten.

4 Die Steaks aus der Grillpfanne nehmen und 2 Minuten ruhen oder ganz abkühlen lassen. Die Tomaten unter die Bohnen mischen. Eine Servierplatte mit den Salatblättern auslegen und die Bohnenmischung darauf verteilen. Die Thunfischsteaks darauflegen. Mit Minze und Petersilie garniert servieren.

Fisch & Meeresfrüchte

Räucherlachs auf Rucola

Für 4 Personen
- 50 g Rucola
- 1 EL frisch gehackte glatte Petersilie
- 2 Frühlingszwiebeln, gehackt
- 2 große Avocados, in Streifen geschnitten
- 1 EL Zitronensaft
- 250 g Räucherlachs, in Streifen geschnitten

Dressing
- 150 ml Mayonnaise
- 2 EL Limettensaft
- fein abgeriebene Schale von 1 Limette
- 1 EL frisch gehackte glatte Petersilie, plus 4 Zweige zum Garnieren

1 Die Rucolablätter halbieren und auf 4 Schalen verteilen. Mit Petersilie und Frühlingszwiebeln bestreuen.

2 Die Avocadostreifen mit dem Zitronensaft beträufeln und zusammen mit den Lachsstreifen auf die 4 Schalen verteilen.

3 Für das Dressing alle Zutaten in einer Schüssel verrühren und über den Salat gießen. Mit Petersilie garnieren und sofort servieren.

Fisch & Meeresfrüchte

Lachssalat Teriyaki

Für 4 Personen
- 6 Frühlingszwiebeln, in feine Streifen geschnitten
- 4 Lachsfilets mit Haut (à 115 g)
- 4 EL Teriyaki-Sauce
- 250 g asiatische Eiernudeln
- 2 TL geröstetes Sesamöl
- 1 TL frisch geriebener Ingwer
- 1 grüne Paprika, in feine Streifen geschnitten
- 2 Karotten, in feine Streifen geschnitten
- 2 EL Sesamsaat
- 2 EL Reisessig
- Salz und Pfeffer
- Limettenspalten, zum Servieren

1 Die Hälfte der Frühlingszwiebelstreifen in eine Schüssel mit kaltem Wasser und Eiswürfeln geben. Mindestens 1 Stunde in den Kühlschrank stellen, bis die Streifen sich einrollen. Die Lachsfilets in einer flachen Schüssel mit der Teriyaki-Sauce übergießen. Abgedeckt 30 Minuten bei Zimmertemperatur marinieren.

2 Die Nudeln in einem Topf mit kochendem Wasser nach Packungsanweisung garen. Abgießen, unter fließend kaltem Wasser abschrecken, abtropfen lassen und in eine Schüssel geben. Das Öl in einem Wok erhitzen. Ingwer, Paprika, Karotte und die verbliebenen Frühlingszwiebeln darin 1 Minute pfannenrühren. Die Sesamsaat zugeben und 1 weitere Minute braten. 10 Minuten abkühlen lassen, dann mit dem Essig zu den Nudeln geben und alles gut mischen. Mit Salz und Pfeffer würzen.

3 Eine beschichtete Pfanne erhitzen und die Lachsfilets darin (zunächst mit der Hautseite nach unten) 1 Minute auf jeder Seite anbräunen. Die Teriyaki-Sauce hineingießen, die Hitze reduzieren und die Filets 3–4 Minuten auf jeder Seite weiterbraten, bis der Fisch gar ist. Den Nudelsalat auf 4 Servierteller verteilen und je ein Lachsfilet darauflegen. Die Frühlingszwiebelkringel abgießen und mit Küchenpapier trockentupfen. Auf den Lachsfilets verteilen und mit Limettenspalten servieren.

Fisch & Meeresfrüchte

Lachsspieße auf Mango

Für 4 Personen
- 125 g Kirschtomaten
- 100 g Lachsfilet ohne Haut, gewürfelt
- 1 große reife Mango (etwa 150 g Fruchtfleisch), gewürfelt
- 2 EL Orangensaft
- 1 EL Sojasauce
- 120 g gemischte Salatblätter
- ½ Salatgurke, in Stifte geschnitten
- 6 Frühlingszwiebeln, fein gehackt

Dressing
- 4 EL fettarmer Joghurt
- 1 TL Sojasauce
- 1 EL abgeriebene Orangenschale

1 4 Holzspieße 30 Minuten in kaltem Wasser einweichen. Die Hälfte der Tomaten halbieren und beiseitestellen. Lachswürfel, ganze Tomaten und die Hälfte der Mangostücke abwechselnd auf die Holzspieße stecken. Orangensaft und Sojasauce in einer Schüssel verrühren und die Spieße damit bepinseln. Abdecken und 15 Minuten kühl stellen; zwischendurch noch einmal mit der Marinade bestreichen.

2 Salatblätter, halbierte Tomaten, restliche Mangostücke, Gurkenstifte und Frühlingszwiebeln vermengen und auf 4 Teller verteilen.

3 Den Backofengrill vorheizen und den Grillrost oder ein Backblech mit Alufolie auslegen. Für das Dressing alle Zutaten in einer kleinen Schüssel verrühren und beiseitestellen.

4 Die Lachsspieße erneut mit der Marinade bepinseln und 5–7 Minuten grillen, bis der Lachs gar ist; dabei nach der Hälfte der Garzeit die Spieße wenden und mit der restlichen Marinade bestreichen.

5 Die Spieße auf die vorbereiteten Teller verteilen, mit dem Salatdressing beträufeln und servieren.

Fisch & Meeresfrüchte

Tomatensalat mit Lachs & Garnelen

Für 4 Personen
- einige Salatblätter
- 120 g kleine Kirschtomaten, halbiert
- 4 vollreife Tomaten, gewürfelt
- 100 g Räucherlachs
- 200 g gegarte, ausgelöste Garnelen

Dressing
- 1 EL Dijon-Senf
- 2 TL Zucker
- 2 TL Rotweinessig
- 2 EL Olivenöl
- 1 EL frisch gehackter Dill, plus einige Stängel zum Garnieren
- Salz und Pfeffer

1 Eine große Servierplatte mit den Salatblättern auslegen und die halbierten und gewürfelten Tomaten darauf verteilen. Den Räucherlachs in Streifen schneiden und zusammen mit den Garnelen auf dem Salat anrichten.

2 Für das Dressing alle Zutaten in einer Schüssel verrühren und über den Salat gießen. Mit Dillzweigen garnieren und servieren.

Fisch & Meeresfrüchte

Katalanischer Stockfischsalat

Für 4–6 Personen
- 400 g Stockfisch (gesalzener, getrockneter Kabeljau) am Stück
- 6 Frühlingszwiebeln, schräg in dünne Ringe geschnitten
- 6 EL natives Olivenöl extra
- 1 EL Sherry-Essig
- 1 EL Zitronensaft
- frisch gemahlener schwarzer Pfeffer
- 2 große rote Paprika, gegrillt, gehäutet und fein gewürfelt
- 12 große schwarze Oliven, entsteint und in Ringe geschnitten
- 2 Fleischtomaten, in dünne Scheiben geschnitten, zum Servieren
- 2 EL sehr fein gehackte frische Petersilie, zum Garnieren

1 Den Stockfisch in eine große Schüssel legen, mit kaltem Wasser bedecken und mindestens 48 Stunden wässern, dabei gelegentlich das Wasser wechseln.

2 Den Stockfisch herausheben, mit Küchenpapier trockentupfen, Haut und Gräten entfernen und dann mit den Fingern in kleine Stücke zerteilen. Zusammen mit Frühlingszwiebeln, Öl, Essig und Zitronensaft in eine große Schüssel (kein Metall) geben und alles vermengen. Mit dem Pfeffer würzen, abdecken und 3 Stunden im Kühlschrank ziehen lassen.

3 Paprika und Oliven unterheben. Gegebenenfalls nachwürzen, dabei den Salzgehalt von Fisch und Oliven berücksichtigen. Die Tomatenscheiben mit dem Fischsalat auf einer Servierplatte oder auf Speisetellern anrichten. Mit Petersilie bestreuen und servieren.

Fisch & Meeresfrüchte

Salat mit Räucherforelle, Chicorée & Birne

Für 4 Personen
- 2 reife rote Birnen, entkernt und in Scheiben geschnitten
- 1 EL Zitronensaft
- 3 Chicorée, geputzt und in Blätter getrennt
- 50 g Brunnenkresse, harte Stiele entfernt
- 250 g geräucherte Forelle
- 80 g kernlose helle Trauben, halbiert

Dressing
- 4 EL Crème fraîche
- 1 EL Milch
- 1 TL Sahnemeerrettich
- 2 TL Zitronensaft
- Salz und Pfeffer

1 Die Birnenscheiben im Zitronensaft wenden, um eine Braunfärbung zu verhindern, und mit Chicorée und Brunnenkresse in einer Salatschüssel mischen.

2 Die Forelle in mundgerechte Stücke zupfen und dabei sämtliche Gräten und Haut entfernen. Mit den Weintrauben über dem Salat verteilen.

3 Für das Dressing Crème fraîche, Milch, Meerrettich und Zitronensaft in eine kleine Schüssel geben und glatt rühren. Mit Salz und Pfeffer würzen. Kurz vor dem Servieren das Dressing über den Salat träufeln und diesen eventuell noch einmal abschmecken.

Fisch & Meeresfrüchte

Süßsaurer Fischsalat

Für 4 Personen
- 250 g Forellenfilet
- 250 g weißes Fischfilet, z.B. Schellfisch oder Kabeljau
- 300 ml Wasser
- 1 Stängel Zitronengras, halbiert
- 2 Kaffir-Limettenblätter
- 1 große rote Chili
- 1 Bund Frühlingszwiebeln, in Ringe geschnitten
- 125 g frische Ananas, in kleine Stücke geschnitten
- 1 kleine rote Paprika, in Streifen geschnitten
- 1 Bund Brunnenkresse, geputzt
- Schnittlauchröllchen, zum Garnieren

Dressing
- 1 EL Sonnenblumenöl
- 1 EL Reisweinessig
- 1 Prise Chilipulver
- 1 TL Honig
- Salz und Pfeffer

1 Die Fischfilets in einen Topf geben und mit dem Wasser übergießen. Zitronengras, Limettenblätter und Chili zugeben und zum Kochen bringen. Etwa 8–10 Minuten garen, dann abgießen und abtropfen lassen.

2 Die Fischfilets eventuell häuten, das Fleisch in mundgerechte Stücke schneiden und in eine große Schüssel geben. Frühlingszwiebeln, Ananas und Paprika zufügen und vorsichtig vermengen.

3 Die Brunnenkresse auf 4 Teller verteilen und die Fischmischung darauf anrichten.

4 Alle Dressingzutaten in einer Schüssel verrühren und den Salat damit beträufeln. Mit Schnittlauch bestreuen und sofort servieren.

Fisch & Meeresfrüchte

Würzige Fischspieße mit Tomatensalat

Für 4 Personen
- 500 g Dorsch- oder Seeteufelfilet, in 3 cm große Würfel geschnitten
- 3 EL Limettensaft
- 4 EL Sonnenblumenöl
- 2 TL mildes Chilipulver
- 1 TL getrockneter Oregano
- 1 Zitrone, in 8 Spalten geschnitten
- 225 g rote Kirschtomaten, halbiert
- 225 g gelbe Kirschtomaten, halbiert
- ½ kleine Zwiebel, in dünne Ringe geschnitten
- 2 EL grob gehackter frischer Koriander
- ½ TL Zucker
- 1 TL milder Senf
- Salz und Pfeffer

1 Die Fischstücke in eine flache Schüssel geben. Je 2 Esslöffel Limettensaft und Öl mit Chilipulver und Oregano mischen. Mit Salz und Pfeffer würzen und über den Fisch gießen. Abdecken und 1 Stunde bei Zimmertemperatur marinieren.

2 Den Backofengrill auf mittlerer Stufe vorheizen. Fisch und Zitronenspalten abwechselnd auf 8 Metallspieße stecken und 8–10 Minuten grillen, bis der Fisch gerade gar ist. Dabei gelegentlich wenden.

3 Untordessen Tomaten, Zwiebel und Koriander in einer Schüssel vermengen. Den verbliebenen Limettensaft und das restliche Öl mit Zucker und Senf verrühren. Dieses Dressing über die Tomaten gießen und alles gut durchheben. Mit Salz und Pfeffer abschmecken.

4 Den Tomatensalat auf 4 Schüsselchen verteilen und je 2 Fischspieße dazu servieren.

Fisch & Meeresfrüchte

Schwertfisch mit frischer Tomatensalsa

Für 4 Personen
- 4 Schwertfischsteaks ohne Gräten (à 140 g)
- 1 EL Butter
- 1 EL Olivenöl
- Salz
- frisches Baguette, zum Servieren

Salsa
- 4 EL natives Olivenöl extra
- 1 EL Rotweinessig
- 600 g vollreife Fleischtomaten, entkernt und klein gewürfelt
- 150 g große schwarze Oliven, entsteint und halbiert
- 1 Schalotte, fein gehackt
- 1 EL Kapern, abgespült und abgetropft
- 3 EL frisch gehacktes Basilikum
- Salz und Pfeffer

1. Für die Salsa Öl und Essig in einer mittelgroßen Schüssel verrühren, Tomaten, Oliven, Schalotten und Kapern untermischen, salzen und pfeffern. Abdecken und bis zum Servieren in den Kühlschrank stellen.

2. Die Schwertfischsteaks von beiden Seiten salzen. Butter und Öl in einer großen Pfanne (Wenn die Steaks nicht nebeneinander in die Pfanne passen, dann in zwei Durchgängen braten.) zerlassen und die Steaks von beiden Seiten etwa 5 Minuten braten, bis eine Seite goldbraun ist. Wenden und weitere 3 Minuten braten, bis der Fisch mühelos in Segmente zerfällt. Aus der Pfanne nehmen und auf einem Teller abkühlen lassen. Abdecken und 2 Stunden in den Kühlschrank stellen.

3. Die Fischsteaks 15 Minuten vor dem Servieren aus dem Kühlschrank nehmen. Das Basilikum zur Salsa geben und eventuell nachwürzen. Den Fisch in mundgerechte Stücke zerteilen und vorsichtig unter die Salsa heben. Auf 4 Schalen verteilen und mit frischem Baguette servieren.

Fisch & Meeresfrüchte

Makrele auf warmem Kartoffelsalat

Für 4 Personen
- 4 frische Makrelenfilets (à 140 g)
- 1 TL grob gemahlener schwarzer Pfeffer
- fein abgeriebene Schale und Saft von 1 kleinen Zitrone
- 1 EL natives Olivenöl extra
- 500 g neue Kartoffeln, in Scheiben geschnitten
- 4 Frühlingszwiebeln, in dünne Ringe geschnitten
- 25 g Rucola
- frischer Dill, zum Garnieren

Dressing
- 5 EL natives Olivenöl extra
- 2 EL Weißweinessig
- 1 EL Dijon-Senf
- 1 Prise Zucker
- 1 EL frisch gehackter Dill
- Salz und Pfeffer

1 Die Haut der Makrelenfilets drei- bis viermal schräg einschneiden. Pfeffer, Zitronenschale und -saft mit Öl verquirlen und über den Fisch gießen. Abgedeckt 20 Minuten bei Zimmertemperatur marinieren. Den Backofengrill stark erhitzen.

2 Die Fischfilets unter dem vorgeheizten Backofengrill 7–8 Minuten grillen, dabei einmal wenden, bis sie gar sind. Unterdessen die Kartoffeln in einem Topf mit kaltem Wasser bedecken. Zum Kochen bringen, abdecken und 12–15 Minuten sanft köcheln lassen, bis sie gerade gar sind.

3 Für das Dressing Olivenöl, Essig, Senf und Zucker in einer Schüssel verquirlen. Den Dill unterrühren und alles mit Salz und Pfeffer würzen.

4 Die Kartoffeln abgießen und behutsam mit den Frühlingszwiebeln und der Hälfte des Dressings mischen. Auf 4 Servierteller verteilen und mit den Rucolablättern bestreuen. Auf jede Portion ein heißes Makrelenfilet legen. Mit dem verbliebenen Dressing beträufeln, mit dem frischen Dill garnieren und sofort servieren.

Fisch & Meeresfrüchte

Bunter Salat mit Sardellen & Oliven

Für 4 Personen
- 125 g gemischte Salatblätter, z.B. Radicchio, Frisée, Rucola und Feldsalat
- 12 Kirschtomaten, halbiert
- 20 entsteinte schwarze Oliven, halbiert
- 6 Sardellenfilets, abgespült, abgetropft und in Stücke geschnitten
- 1 EL frisch gehackter Oregano
- Zitronenspalten, zum Garnieren
- frische Brötchen, zum Servieren

Dressing
- 4 EL natives Olivenöl extra
- 1 EL Weißweinessig
- 1 EL Zitronensaft
- 1 EL frisch gehackte glatte Petersilie
- Salz und Pfeffer

1 Für das Dressing alle Zutaten in einer Schüssel verrühren.

2 Die Salatblätter in eine große Schüssel geben. Kirschtomaten, Oliven, Sardellen und Oregano darauf verteilen. Mit dem Dressing übergießen.

3 Den Salat auf 4 Teller verteilen und mit den Zitronenspalten garnieren. Dazu frische Brötchen servieren.

Fisch & Meeresfrüchte

Bruschetta mit Garnelen & weißen Bohnen

Für 4 Personen

- 400 g weiße Bohnen aus der Dose, abgespült und abgetropft
- ½ rote Zwiebel, fein gehackt
- 1 Selleriestange, fein gewürfelt
- 300 g gekochte Riesengarnelen, ausgelöst, Schwanzende intakt
- 1 Knoblauchzehe, fein gehackt
- Saft von 1 Zitrone
- 5 EL natives Olivenöl extra
- 2 EL frisch gehackte glatte Petersilie
- 4 dicke Scheiben helles Bauernbrot
- 100 g kleine Pflaumentomaten, halbiert
- 1 Handvoll frische glatte Petersilie
- Salz und Pfeffer

1 Bohnen, Zwiebel, Sellerie, Garnelen und Knoblauch in eine große Schüssel füllen. Zitronensaft, 2 Esslöffel Öl und die gehackte Petersilie zufügen. Mit Salz und Pfeffer würzen, gut verrühren, abdecken und beiseitestellen.

2 Die Brotscheiben mit ein wenig von dem verbliebenen Olivenöl bestreichen und in einer heißen Grillpfanne 2–3 Minuten auf jeder Seite goldgelb grillen oder unter einem heißen Backofengrill rösten. Auf Servierteller verteilen.

3 Tomaten und Petersilie behutsam unter die Bohnen heben und die Mischung auf die heißen Brotscheiben häufen. Mit dem restlichen Öl beträufeln, eventuell nachwürzen und servieren.

Fisch & Meeresfrüchte

Garnelen-Reis-Salat

Für 4 Personen
- 175 g gemischter Langkorn- und Wildreis
- Salz
- 350 g gekochte Garnelen, ausgelöst
- 1 Mango, entsteint, geschält und gewürfelt
- 4 Frühlingszwiebeln, in Ringen geschnitten
- 25 g Mandelblättchen
- 1 EL frisch gehackte Minze
- frisch gemahlener schwarzer Pfeffer

Für das Dressing
- 1 EL natives Olivenöl extra
- 2 TL Limettensaft
- 1 Knoblauchzehe, zerdrückt
- 1 TL Honig
- Salz und Pfeffer

1 Den Reis in einem großen Topf in leicht gesalzenem Wasser 20 Minuten kochen, bis er gar ist. Abgießen, abtropfen lassen und in eine große Schüssel füllen. Die Garnelen dazugeben.

2 Für das Dressing alle Zutaten verrühren und mit Salz und Pfeffer abschmecken. Das Dressing über Reis und Garnelen träufeln und abkühlen lassen.

3 Mango, Frühlingszwiebeln, Mandeln und Minze zum Salat geben und diesen erneut mit Pfeffer abschmecken. Alles gründlich vermengen, in einer Salatschüssel anrichten und servieren.

Fisch & Meeresfrüchte

Kokosgarnelen mit Gurkensalat

Für 4 Personen
- 200 g Basmati-Vollkornreis
- ½ TL Koriandersamen
- 2 Eiweiß, leicht verquirlt
- 100 g Kokosraspel
- 24 rohe, ausgelöste Riesengarnelen
- ½ Salatgurke
- 4 Frühlingszwiebeln, längs in Streifen geschnitten
- 1 TL Sesamöl
- 1 EL frisch gehackter Koriander

1 Salzwasser in einem großen Topf zum Kochen bringen, den Reis hineingeben und 25 Minuten garen. In ein Sieb abgießen, das Sieb mit einem Tuch bedecken und abtropfen lassen. In der Zwischenzeit 8 Holzspieße 30 Minuten in kaltem Wasser einweichen. Die Koriandersamen im Mörser zerstoßen. Eine beschichtete Pfanne erhitzen und den Koriander darin kurz anrösten. Beiseitestellen.

2 Eiweiß und Kokosraspel jeweils in einen tiefen Teller geben. Die Garnelen erst im Eiweiß, dann in den Kokosraspeln wenden. Jeweils 3 Garnelen auf einen Holzspieß stecken. Den Backofengrill vorheizen. Die Gurke mit einem Sparschäler längs in schmale Streifen schneiden. In eine Salatschüssel geben und mit Frühlingszwiebeln und Sesamöl vermengen.

3 Die Garnelen unter dem heißen Grill 3–4 Minuten von jeder Seite grillen, bis sie leicht gebräunt sind. Geröstete Koriandersamen und frischen Koriander unter den Reis mischen. Reis und Gurkensalat auf Servierschalen oder -teller verteilen, die Kokosgarnelen darauf anrichten und servieren.

Fisch & Meeresfrüchte

Thailändische Krebsfrikadellen

Für 4 Personen
- 350 g weißes Krebsfleisch aus der Dose, abgetropft
- 150 g gekochte, ausgelöste Garnelen
- 1 TL Limettensaft
- 2 TL thailändische rote Currypaste
- 1 EL verquirltes Eiweiß
- 1 EL frisch gehackter Koriander
- Mehl, zum Bestäuben
- Sonnenblumenöl, zum Frittieren
- ½ Salatgurke, geschält, entkernt und in dünne Scheiben geschnitten
- 250 g Sojabohnenkeimlinge
- 25 g Kresse
- 2 EL frisch gehackte Korianderstängel
- 1 EL Reisessig
- 4 EL süße Chilisauce
- Salz und Pfeffer

Zum Garnieren
- frische Korianderblätter
- Limettenspalten

1 Krebsfleisch, Garnelen, Limettensaft und Currypaste in einer Küchenmaschine wenige Sekunden fein zerkleinern, aber nicht pürieren. Eiweiß und gehackten Koriander zufügen und kräftig mit Salz und Pfeffer abschmecken. Noch einmal kurz vermischen.

2 Die Masse in eine Schüssel füllen und mit bemehlten Händen daraus 12 Bällchen formen. Leicht im Mehl wenden, abdecken und 1 Stunde in den Kühlschrank stellen.

3 Das Öl in einer großen Pfanne erhitzen und die Krebsbällchen darin in zwei Portionen 3–4 Minuten goldbraun braten. Dabei einmal wenden. Auf Küchenpaper abtropfen lassen. Gurke, Sojabohnenkeimlinge, Kresse und Korianderstängel in einer Schüssel mit dem Reisessig mischen.

4 Auf 4 Servierteller verteilen, die heißen Frikadellen darauflegen und mit der Chilisauce beträufeln. Mit Korianderblättern und Limettenspalten garniert servieren.

Fisch & Meeresfrüchte

Warmer Garnelensalat

Für 4 Personen
- 1 TL Sonnenblumenöl
- 1 frische Serrano-Chili, entkernt und fein gehackt
- 125 g Zuckerschoten
- 6 Frühlingszwiebeln, in feine Streifen geschnitten
- 25 g Maiskörner, TK-Ware aufgetaut
- 150 g weißes Krebsfleisch, frisch oder aus der Dose, abgetropft
- 50 g rohe Garnelen, ausgelöst und Darmfäden entfernt
- 100 g Karotten, grob geraspelt
- 125 g Sojabohnenkeimlinge
- 250 g junger Spinat
- 1 EL fein abgeriebene Orangenschale
- 2 EL Orangensaft
- frisch gehackter Koriander, zum Garnieren

1 Das Öl in einem Wok oder einer großen Pfanne erhitzen. Chili und Zuckerschoten darin bei mittlerer Hitze 2 Minuten pfannenrühren.

2 Frühlingszwiebeln und Mais zugeben und 1 weitere Minute pfannenrühren.

3 Krebsfleisch, Garnelen, Karotten, Sojabohnenkeimlinge und Spinat zufügen. Orangenschale und -saft einrühren und 2–3 Minuten pfannenrühren, bis die Garnelen gar sind. Den Salat auf 4 Schüsseln verteilen, mit dem Koriander garnieren und servieren.

Fisch & Meeresfrüchte

Hummersalat mit Safranmayonnaise

Für 4-6 Personen
- 750–800 g frisch gekochtes Hummerfleisch, in mundgerechte Stücke zerteilt
- 1 große Avocado, gewürfelt
- 4 reife, aber feste Tomaten
- 250 g Salatblätter und Kräuter, gemischt
- 1-2 EL fruchtiges Olivenöl
- 1 Spritzer Zitronensaft
- Salz und Pfeffer

Safranmayonnaise
- 1 Prise Safranfäden
- 1 Ei
- 1 Tl Dijon-Senf
- 1 EL Weißweinessig
- 1 Prise Salz
- 300 ml Sonnenblumenöl
- Salz und Pfeffer

1 Für die Safranmayonnaise die Safranfäden in etwas warmem Wasser einweichen. Unterdessen Ei, Senf, Essig und Salz in einem Mixer verquirlen. Bei laufendem Motor sehr langsam etwa ein Drittel des Sonnenblumenöls hineingießen. Sobald die Masse beginnt anzudicken, das verbliebene Öl etwas rascher zugeben. Nach dem Öl den Safran samt Einweichwasser hinzufügen und weitermixen. Mit Salz und Pfeffer abschmecken, abdecken und bis zur Verwendung in den Kühlschrank stellen.

2 Hummerfleisch und Avocado in eine Schüssel füllen. Die Tomaten vierteln und die Kerne entfernen. Das Fruchtfleisch in recht große Stücke schneiden und ebenfalls in die Schüssel geben. Mit Salz und Pfeffer würzen und behutsam so viel Mayonnaise unterrühren, bis alles dünn mit Mayonnaise überzogen ist.

3 Salat- und Kräuterblätter in Olivenöl und Zitronensaft wenden und auf 4–6 Servierteller verteilen. Die Hummermischung daraufgeben und sofort servieren.

Fisch & Meeresfrüchte

Schichtsalat mit Flusskrebsen

Für 4 Personen
- 100 g Karotten, gerieben
- 1 Salatherz, in Streifen geschnitten
- 100 g Maiskörner aus der Dose, abgetropft
- ¼ Salatgurke, gewürfelt
- 175 g gekochte Flusskrebsschwänze in Lake, gut abgetropft
- ½ TL Cayennepfeffer
- Zitronenspalten, zum Garnieren (nach Belieben)

Dressing
- 6 EL Mayonnaise
- 1 EL Tomatenketchup
- 1 Spritzer Worcestersauce
- 1 EL Zitronensaft
- Salz und Pfeffer

1 Für das Dressing alle Zutaten in eine kleine Schüssel geben und verquirlen.

2 Karotten, Salat, Mais und Gurke auf 4 Schalen verteilen.

3 Das Dressing darüberträufeln und die Flusskrebsschwänze darauf anrichten. Mit Cayennepfeffer bestreuen, nach Belieben mit Zitronenspalten garnieren und servieren.

Fisch & Meeresfrüchte

Spinatsalat mit Tintenfisch & Brunnenkresse

Für 4 Personen
- 12 küchenfertige Kalmarmäntel und -tentakel (etwa 700 g)
- 2–3 EL Olivenöl
- 1–2 rote Chillies, entkernt, in feinen Ringen
- 2 Frühlingszwiebeln, fein gehackt
- Salz und Pfeffer
- Zitronenspalten, zum Beträufeln und Servieren
- 125 g Brunnenkresse
- 100 g junger Blattspinat oder Rucola

Dressing
- 100 ml Olivenöl
- Saft von 1 Limette
- 1 TL Zucker
- 2 Schalotten, in feinen Ringen
- 1 Tomate, gehäutet, entkernt und klein gewürfelt
- 1 Knoblauchzehe, zerdrückt
- Salz und Pfeffer

1 Für das Dressing alle Zutaten in einer Schüssel verrühren. Mit Salz und Pfeffer abschmecken. Abgedeckt bis zum Gebrauch kalt stellen.

2 Die Kalmarmäntel aufschneiden, in 5 cm dicke Streifen schneiden und rautenförmig einritzen. Das Öl in einem Wok oder einer großen Pfanne erhitzen. Die Tintenfischstreifen und -tentakel bei starker Hitze 1 Minute unter Rühren anbraten. Chillies und Frühlingszwiebeln zugeben und 1 Minute pfannenrühren. Salzen und pfeffern und mit einem Spritzer Zitronensaft beträufeln.

3 Brunnenkresse und Spinat mischen und mit so viel Dressing beträufeln und vermengen, dass die Blätter fettig glänzen. Die Tintenfischstücke und -tentakel darauf anrichten und sofort servieren. Zitronenspalten zum Beträufeln und das restliche Dressing dazu reichen.

Fisch & Meeresfrüchte

Meeresfrüchtesalat

Für 4–6 Personen
- 600 g gegarter Meeresfrüchte-Mix (Garnelen, Miesmuscheln, Venusmuscheln, Tintenfischringe, Herzmuscheln)
- 1 eingelegte rote Paprika, in dünne Streifen geschnitten
- 12 schwarze Oliven, entsteint
- 2 EL frisch gehacktes Basilikum, zum Garnieren

Dressing
- 2 Knoblauchzehen, zerdrückt
- Saft von 1½ Zitronen
- 4 EL natives Olivenöl extra
- 2 EL frisch gehackte glatte Petersilie
- Salz und Pfeffer

1 Für das Dressing Knoblauch, Zitronensaft, Olivenöl, Petersilie, Salz und Pfeffer in einer Schüssel verquirlen.

2 Die Meeresfrüchte bei Bedarf abtropfen lassen und in eine Servierschüssel geben. Paprika und Oliven unterrühren, dann die Knoblauchmischung unterheben. Die Schüssel abdecken und den Meeresfrüchtesalat 30 Minuten im Kühlschrank marinieren.

3 Vor dem Servieren noch einmal gut vermengen, nach Belieben mit Salz und Pfeffer nachwürzen und mit Basilikum bestreuen.

Gemüse & Hülsenfrüchte

Gemüse & Hülsenfrüchte

Spinatsalat mit gratiniertem Ziegenkäse

Für 2 Personen
- 6 dünne Scheiben Baguette
- 1 EL Olivenöl
- 100 g runder Ziegenweichkäse mit Rinde
- frisch gemahlener schwarzer Pfeffer
- 100 g junger Blattspinat
- 50 g sonnengetrocknete Tomaten in Öl, abgetropft

Dressing
- 3 EL natives Olivenöl extra
- 1 EL Sherry-Essig
- 1 TL körniger Senf
- 1 Prise Zucker
- Salz und Pfeffer

1 Für das Dressing alle Zutaten in ein kleines Schraubglas füllen und gut schütteln.

2 Den Backofengrill auf mittlerer Stufe vorheizen. Die Baguettescheiben mit ein wenig Olivenöl bestreichen und von jeder Seite 1–2 Minuten goldgelb rösten. Mit einer Scheibe Ziegenkäse belegen, mit Pfeffer bestreuen und 1–2 Minuten unter dem Backofengrill gratinieren, bis der Käse geschmolzen ist.

3 Unterdessen den Spinat in eine große Salatschüssel geben. Fast das gesamte Dressing darübergießen und unterheben. Auf 2 Servierteller verteilen, Tomaten und Ziegenkäsebaguette darauf anrichten. Mit dem verbliebenen Dressing beträufeln und sofort servieren.

Gemüse & Hülsenfrüchte

Salat mit Linsen & Ziegenkäse

Für 1 Person
- 2 EL Puy-Linsen
- 1 Lorbeerblatt
- 2 Frühlingszwiebeln, fein gehackt
- 50 g rote Paprika, in Würfeln
- 1 EL frisch gehackte Petersilie
- 100 g Kirschtomaten, halbiert
- 50 g Rucola
- 30 g Ziegenfrischkäse, zerkrümelt

Dressing
- 1 EL natives Olivenöl extra
- 1 TL Balsamico-Essig
- ½ TL Honig
- 1 Knoblauchzehe, zerdrückt
- Salz und Pfeffer

1 Die Linsen abspülen und mit dem Lorbeerblatt in einen mittelgroßen Topf geben. Alles mit reichlich kaltem Wasser bedecken. Zum Kochen bringen, die Hitze reduzieren und die Linsen abgedeckt 20–30 Minuten köcheln lassen.

2 Die Linsen abgießen, in eine Schüssel füllen und abkühlen lassen. Frühlingszwiebeln, Paprika, Petersilie und Kirschtomaten zufügen und gut vermischen.

3 Für das Dressing Öl, Essig, Honig und Knoblauch verquirlen, mit Salz und Pfeffer abschmecken und unter die Linsenmischung heben. Auf einem Rucolabett anrichten und mit Ziegenkäse bestreut servieren.

Gemüse & Hülsenfrüchte

Grüner Bohnensalat mit Feta

Für 4 Personen
- 350 g grüne Bohnen
- 1 rote Zwiebel, gehackt
- 3–4 EL frisch gehackter Koriander
- 2 Radieschen, in dünne Scheiben geschnitten
- 75 g Feta, zerkrümelt
- 1 TL frisch gehackter oder ½ TL getrockneter Oregano
- 2 EL Rotwein- oder Obstessig
- 80 ml Olivenöl
- 3 vollreife Tomaten, in Spalten geschnitten
- Pfeffer

1 Die Bohnen in einen ausreichend großen Topf füllen und mit kaltem Wasser bedecken. Aufkochen, abdecken und 5–10 Minuten köcheln lassen, bis die Bohnen zart sind. Abschütten und halbieren.

2 Bohnen, Zwiebel, Koriander, Radieschen und Feta in eine Schüssel geben.

3 Oregano und Pfeffer zugeben. Essig und Öl vermengen, über die Bohnenmischung gießen und unterheben.

4 Die Tomatenspalten zufügen und behutsam vermengen. Den Salat auf einer Servierplatte anrichten und sofort servieren oder bis zum Verzehr kalt stellen.

Gemüse & Hülsenfrüchte

Griechischer Bauernsalat

Für 4 Personen
- einige eingelegte Weinblätter
- 4 Tomaten, in Scheiben geschnitten
- ½ Salatgurke, geschält und in Scheiben geschnitten
- 1 kleine rote Zwiebel, in feine Ringe geschnitten
- 125 g Feta, gewürfelt
- 8 schwarze Oliven

Dressing
- 3 EL natives Olivenöl extra
- 1 EL Zitronensaft
- ½ TL getrockneter Oregano
- Salz und Pfeffer

1 Die Weinblätter auf Salatteller geben und Tomaten, Gurke und Zwiebel darüber verteilen. Mit Käse und Oliven bestreuen.

2 Für das Dressing alle Zutaten in ein Schraubglas füllen und kräftig schütteln. Das Dressing über den Salat gießen und servieren.

Gemüse & Hülsenfrüchte

Brunnenkressesalat mit Erdbeeren

Für 4 Personen
- 125 g Brunnenkresse, harte Stiele entfernt
- 350 g frische Erdbeeren, in Scheiben geschnitten
- 1 reife Avocado
- 1 EL Zitronensaft
- ¼ Salatgurke, fein gewürfelt
- 1 EL gehackte Walnüsse
- Salz und Pfeffer

Balsamico-Reduktion
- 100 ml Balsamico-Essig
- 2 EL Zucker

1 Für die Balsamico-Reduktion Essig und Zucker in einen kleinen Topf geben. Sanft unter Rühren erhitzen, bis der Zucker aufgelöst ist. Dann 5–6 Minuten zu einem Sirup einkochen und anschließend 30 Minuten abkühlen lassen.

2 Die Brunnenkresse und die Erdbeeren in eine Salatschüssel geben. Die Avocado halbieren, schälen, in Scheiben schneiden und vorsichtig im Zitronensaft wenden. Dann zum Salat geben.

3 Gurke und Walnüsse darüber verteilen und mit der Balsamico-Reduktion beträufeln. Leicht mit Salz und Pfeffer würzen und sofort servieren.

Gemüse & Hülsenfrüchte

Salat mit Feta, Minze & Erdbeeren

Für 4–6 Personen
- 500 g Prinzessbohnen
- 500 g Erdbeeren
- 2–3 EL Pistazienkerne
- 1 kleines Bund frische Minze
- 500 g Feta (Abtropfgewicht)
- Pfeffer

Vinaigrette
- 2 EL Himbeeressig
- 2 TL Zucker
- 1 EL Dijon-Senf
- 1 Prise Salz
- 125 ml Olivenöl

1 Für die Vinaigrette Essig, Zucker, Senf und Salz in einer Schüssel glatt rühren. Das Öl unter ständigem Rühren in einem dünnen Strahl dazugießen und weiterrühren, bis die Vinaigrette emulgiert. Abgedeckt bis zum Gebrauch kalt stellen.

2 Die Bohnen in einem großen Topf Salzwasser 1–2 Minuten blanchieren, sodass sie noch schön knackig sind. Abtropfen lassen und in eine große, gut gekühlte Schüssel geben. Die Erdbeeren putzen, halbieren und zu den Bohnen geben. Pistazien und Minzeblätter untermischen. So viel Vinaigrette unterheben, dass die Zutaten fettig glänzen.

3 Den Feta zerkrümeln und den Salat damit bestreuen. Pfeffer darübermahlen und sofort servieren.

Gemüse & Hülsenfrüchte

Rucola mit Birne & Gorgonzola

Für 4–6 Personen
- 1 Birne, z.B. Abate
- 2 Bund Rucola, abgespült und trockengeschleudert
- 100 g Gorgonzola, in mundgerechte Stücke geschnitten
- 3 EL Pinienkerne, geröstet

Dressing
- 4 EL natives Olivenöl extra
- 1 EL Balsamico-Essig
- Salz und Pfeffer

1 Für das Dressing Öl, Essig, Salz und Pfeffer in einer großen Schüssel (kein Metall) mit einem Schneebesen verquirlen. Abdecken und beiseitestellen.

2 Kurz vor dem Servieren die Birne vierteln, entkernen und in dünne Scheiben schneiden. Zum Dressing geben und gut mischen, sodass die Scheiben ganz benetzt sind. Rucola und Käse zufügen und nochmals kurz mischen. Mit Pinienkernen bestreut servieren.

Gemüse & Hülsenfrüchte

Melonensalat mit Kräuterkäse

Für 4 Personen
- 100 g Hüttenkäse
- 1 TL frisch gehackte Petersilie
- 1 EL Schnittlauchröllchen
- 1 TL frisch gehackter Kerbel oder frisch gehacktes Basilikum
- 2 rote oder orangefarbene Paprika, gehäutet
- 300 g Fruchtfleisch einer Honigmelone
- 175 g gemischte Salatblätter
- 50 g kernlose Trauben
- 1 rote Zwiebel, in feinen Ringen

Dressing
- 3 EL frisch gepresster Limettensaft
- 1 kleine rote Chili, entkernt und fein gehackt
- 1 TL Honig
- 1 EL Sojasauce

1 Hüttenkäse und gehackte Kräuter in einer Schüssel vermengen. Abdecken und beiseitestellen.

2 Die gehäuteten Paprika in feine Streifen schneiden und beiseitestellen. Melonenfruchtfleisch in mundgerechte Stücke schneiden.

3 Salatblätter und Melonenstücke auf 4 Teller verteilen und jeweils 1 Esslöffel Kräuter-Hüttenkäse an die Seite geben.

4 Paprikastreifen, Trauben und Zwiebelringe auf dem Salat anrichten.

5 Für das Dressing alle Zutaten in einer kleinen Schüssel verrühren und über den Salat träufeln. Sofort servieren.

Gemüse & Hülsenfrüchte

Avocado, Tomate & Mozzarella

Für 4 Personen
- 175 g Fusilli
- 1 EL Olivenöl
- 6 Tomaten
- 250 g Mozzarella
- 1 große Avocado
- 2 EL Zitronensaft
- 3 EL frisch gehacktes Basilikum
- Salz und Pfeffer
- 2 EL Pinienkerne, geröstet
- frisches Basilikum, zum Garnieren

Dressing
- 6 EL natives Olivenöl extra
- 2 EL Weißweinessig
- 1 TL körniger Senf
- 1 Prise Zucker
- Salz und Pfeffer

1 Salzwasser in einem großen Topf aufkochen und Olivenöl zugeben. Die Fusilli darin al dente kochen. Abgießen, mit kaltem Wasser abschrecken und abtropfen lassen.

2 Tomaten und Mozzarella in dünne Scheiben schneiden. Die Avocado halbieren, schälen und den Stein auslösen. Das Fruchtfleisch ebenfalls in dünne Scheiben schneiden und mit Zitronensaft beträufeln, damit es sich nicht verfärbt. Für das Dressing Öl, Essig, Senf und Zucker verrühren und mit Salz und Pfeffer abschmecken.

3 Abwechselnd Tomaten, Mozzarella und Avocado einander überlappend auf einer Servierplatte anrichten. Die Fusilli mit der Hälfte des Dressings und dem gehackten Basilikum vermengen und mit Salz und Pfeffer abschmecken. Die Pasta in die Mitte der Servierplatte geben und mit dem restlichen Dressing übergießen. Mit den gerösteten Pinienkernen bestreuen, mit frischem Basilikum garnieren und sofort servieren.

Gemüse & Hülsenfrüchte

Insalata Caprese

Für 4 Personen
- 300 g Mozzarella, abgetropft
- 8 Eiertomaten
- 20 frische Basilikumblätter
- 100 ml natives Olivenöl extra
- Salz und Pfeffer

1 Den Mozzarella und die Tomaten in dünne Scheiben schneiden.

2 Käse und Tomaten auf 4 Serviertellern einander überlappend anrichten und salzen. An einem kühlen Ort 30 Minuten ziehen lassen.

3 Die Basilikumblätter auf den Tellern verteilen. Mit Pfeffer würzen und mit Öl beträufeln. Sofort servieren.

Gemüse & Hülsenfrüchte

Spargel-Tomaten-Salat

Für 4 Personen
- 250 g grüner Spargel, holzige Enden entfernt
- 100 g Feldsalat
- 25 g Rucola
- 500 g vollreife Tomaten, in Scheiben geschnitten
- 12 entsteinte schwarze Oliven, in Ringe geschnitten
- 1 EL geröstete Pinienkerne

Dressing
- 1 TL Zitronenöl
- 3 EL Olivenöl
- 1 TL körniger Senf
- 2 EL Balsamico-Essig
- Salz und Pfeffer

1 Den Spargel in einem Topf mit Salzwasser 8–10 Minuten bissfest garen. Unter fließend kaltem Wasser abschrecken und in 5 cm lange Stücke schneiden.

2 Feldsalat und Rucola auf einer großen Servierplatte verteilen und die Tomatenscheiben und Spargelstücke darauf anrichten. Mit Oliven und Pinienkernen bestreuen.

3 Für das Dressing alle Zutaten in ein Schraubglas füllen, kräftig schütteln und über den Salat gießen. Sofort servieren.

Gemüse & Hülsenfrüchte

Zucchinisalat mit Minzedressing

Für 4 Personen
- 2 Zucchini, in Stifte geschnitten
- 100 g grüne Bohnen, in Stücke geschnitten
- 1 grüne Paprika, in Streifen geschnitten
- 2 Selleriestangen, in feine Scheiben geschnitten
- 1 Bund Brunnenkresse

Dressing
- 200 g Naturjoghurt
- 1 Knoblauchzehe, zerdrückt
- 2 EL frisch gehackte Minze
- Salz und Pfeffer

1 Salzwasser in einem Topf zum Kochen bringen, Zucchini und Bohnen zugeben und 8–10 Minuten garen, bis sie bissfest sind. Abgießen, unter fließend kaltem Wasser abschrecken, abtropfen und abkühlen lassen.

2 Zucchini, Bohnen, Paprika und Sellerie in eine große Schüssel geben und vermengen. Die Brunnenkresse auf dem Salat verteilen.

3 Für das Dressing alle Zutaten in einer Schüssel verrühren, über den Salat gießen und unterheben. Sofort servieren.

Gemüse & Hülsenfrüchte

Bunter Melonensalat mit Erbsensprossen

Für 4 Personen
- 350 g Wassermelone
- ½ kleine Honigmelone
- ½ Charentais- oder Cantaloupe-Melone
- ½ Salatgurke, geschält und gewürfelt
- 50 g frische Erbsensprossen
- frische Minzeblätter, zum Garnieren

Dressing
- 3 EL helles Olivenöl
- 1 EL Weißweinessig
- ½ TL Zucker
- 1 EL frisch gehackte Minze
- Salz und Pfeffer

1 Das Melonenfleisch in gleich große Stücke schneiden und sämtliche Kerne entfernen. Melonenstücke und Gurke in eine Schüssel geben.

2 Für das Dressing alle Zutaten in einer kleinen Schüssel verquirlen.

3 Das Dressing über den Salat träufeln und alles gut vermengen. Abgedeckt mindestens 1 Stunde in den Kühlschrank stellen.

4 Die Erbsensprossen zum gekühlten Salat geben und vorsichtig unterheben. In eine Salatschüssel füllen, mit Minzeblättern garnieren und servieren.

Gemüse & Hülsenfrüchte

Weiß-grüner Bohnensalat

Für 4 Personen
- 125 g getrocknete Cannellini-Bohnen, über Nacht eingeweicht und abgetropft
- 250 g frische grüne Bohnen, geputzt
- ¼ rote Zwiebel, in feinen Streifen
- 12 entsteinte schwarze Oliven
- 1 EL frische Schnittlauchröllchen

Dressing
- ½ EL Zitronensaft
- ½ TL Dijon-Senf
- 6 EL natives Olivenöl extra
- Salz und Pfeffer

1 Die weißen Bohnen in einen großen Topf geben, mit kaltem Wasser bedecken und zum Kochen bringen. 15 Minuten sprudelnd kochen lassen, dann die Hitze reduzieren und die Bohnen weitere 30 Minuten köcheln lassen, bis sie weich sind. Abtropfen lassen und beiseitestellen.

2 In der Zwischenzeit die grünen Bohnen in einen großen Topf mit kochendem Wasser geben. Das Wasser wieder zum Kochen bringen und die Bohnen 4 Minuten blanchieren, bis sie gar, aber noch knackig sind. Abtropfen lassen und beiseitestellen.

3 Für das Dressing Zitronensaft, Senf und Öl verrühren. Mit Salz und Pfeffer abschmecken. Die noch warmen weißen und grünen Bohnen auf einer Servierplatte mischen. Zwiebeln, Oliven und Schnittlauch darüber verteilen.

4 Das Dressing nochmals durchrühren und den Salat damit beträufeln. Zimmerwarm servieren.

Gemüse & Hülsenfrüchte

Roter Salat

Für 4 Personen
- 2 rote Paprika
- 1 Radicchio, in einzelne Blätter getrennt
- 4 gekochte Rote Beten, in Stifte geschnitten
- 12 Radieschen, in Scheiben geschnitten
- 4 Frühlingszwiebeln, in Ringe geschnitten
- frisches Brot, zum Servieren

Dressing
- 3 EL Rapsöl
- 1 EL Weißweinessig
- Salz und Pfeffer

1 Für das Dressing alle Zutaten in ein kleines Schraubglas geben und kräftig schütteln.

2 Die Paprika am Stiel aufschneiden, entkernen und in dünne Ringe schneiden. In eine große Schüssel geben.

3 Radicchio, Rote Beten, Radieschen und Frühlingszwiebeln zugeben. Das Dressing darübergießen und alles gut vermengen. Mit frischem Brot servieren.

Gemüse & Hülsenfrüchte

Marinierte Paprika

Für 4 Personen
- 2 rote Paprika
- 2 gelbe Paprika
- 1 rote Zwiebel, grob gehackt
- 2 Knoblauchzehen, gehackt
- 6 EL Olivenöl
- 100 g eingelegte schwarze Oliven, abgetropft
- 125 g Mozzarellakugeln, abgetropft
- 2 EL grob gezupfte frische Basilikumblätter
- 2 EL Balsamico-Essig
- Salz und Pfeffer

1 Den Backofen auf 190 °C vorheizen. Die Paprika halbieren, die Stiele aber nicht entfernen, sondern nur Kerne und innere Rippen. Die Paprika mit der Schnittseite nach oben in einen flachen Bräter geben und mit Zwiebel und Knoblauch bestreuen. Alles mit Salz und Pfeffer würzen und mit der Hälfte des Olivenöls beträufeln. Etwa 40 Minuten im Ofen rösten, bis die Paprika weich sind. Dann abkühlen lassen.

2 Die Paprika auf eine Servierplatte legen und mit dem Kochsud aus dem Bräter übergießen. Mit Oliven, Mozzarellakugeln und Basilikum bestreuen.

3 Das verbliebene Olivenöl mit dem Essig verquirlen und über die Paprika gießen. Vor dem Servieren abdecken und mindestens 2 Stunden oder über Nacht im Kühlschrank marinieren.

Gemüse & Hülsenfrüchte

Nudelsalat mit Paprika

Für 4 Personen
- 1 rote Paprika
- 1 orangefarbene Paprika
- 300 g Conchiglie (Muschelnudeln)
- 5 EL natives Olivenöl extra
- 2 EL Zitronensaft
- 2 EL Pesto
- 1 Knoblauchzehe, zerdrückt
- 3 EL frisch gezupfte Basilikumblätter
- Salz und Pfeffer

1 Den Backofengrill vorheizen. Die ganzen Paprika auf ein Backblech legen und 15 Minuten grillen, dabei mehrmals wenden, bis sie rundum gebräunt sind. Die Paprika in einen Plastikbeutel legen und beiseitestellen.

2 Unterdessen in einem großen Topf leicht gesalzenes Wasser aufkochen und die Nudeln darin 8–10 Minuten al dente kochen.

3 Olivenöl, Zitronensaft, Pesto und Knoblauch in einer Schüssel verquirlen. Die Nudeln abgießen und noch heiß mit der Pestomischung verrühren.

4 Von den abgekühlten Paprika die Haut abziehen, die Paprika aufschneiden und die Kerne entfernen. Das Fruchtfleisch grob hacken und mit dem Basilikum zu den Nudeln geben. Mit Salz und Pfeffer abschmecken und alles gut vermengen. Warm servieren.

Gemüse & Hülsenfrüchte

Grillgemüsesalat

Für 4 Personen
- 1 Zwiebel, in Spalten geschnitten
- 1 Aubergine, in Scheiben geschnitten
- 1 rote Paprika, in große Stücke geschnitten
- 1 orangefarbene Paprika, in große Stücke geschnitten
- 1 große Zucchini, in Scheiben geschnitten
- 2-4 Knoblauchzehen
- 2-4 EL Olivenöl
- Salz und Pfeffer
- frisches Baguette, zum Servieren

Zum Garnieren
- 1 EL frisch gehacktes Basilikum
- Parmesanspäne

Dressing
- 2 EL Balsamico-Essig
- 4 EL natives Olivenöl extra
- Salz und Pfeffer

1. Den Backofen auf 200 °C vorheizen. Das Gemüse mit den Knoblauchzehen in einer Bratform verteilen und mit 2 Esslöffeln Olivenöl beträufeln. Salzen und pfeffern und gut vermengen, bis alles fettig glänzt. Im Ofen 40 Minuten garen, bis das Gemüse weich ist. Wenn es zu trocken wird, mit zusätzlichem Öl beträufeln.

2. Für das Dressing alle Zutaten in ein Schraubglas füllen und kräftig schütteln.

3. Das Gemüse auf einer Servierplatte anrichten und mit dem Dressing beträufeln. Mit Basilikum und Parmesan garnieren. Warm oder kalt mit frischem Baguette servieren.

Gemüse & Hülsenfrüchte

Rotkohlsalat mit Kernen

Für 4 Personen
- 350 g Rotkohl, fein geraspelt
- 175 g gekochte Rote Beten, in dünne Stifte geschnitten
- 1 Apfel, entkernt und in dünne Scheiben geschnitten
- 1 EL Zitronensaft
- Salz und Pfeffer
- 1 EL Sonnenblumenkerne
- 1 EL Kürbiskerne

Dressing
- 3 EL Mayonnaise
- 2 EL griechischer Joghurt (10% Fett)
- 1 EL Rotweinessig
- Salz und Pfeffer

1 Rotkohl, Rote Beten und Apfelscheiben in eine Salatschüssel geben und mit dem Zitronensaft mischen.

2 Für das Dressing Mayonnaise, Joghurt und Rotweinessig in einer Schüssel glattrühren. Über den Salat geben und gründlich unterrühren. Mit Salz und Pfeffer würzen und abgedeckt mindestens 1 Stunde in den Kühlschrank stellen.

3 Den Salat nochmals durchrühren und bei Bedarf mit Salz und Pfeffer nachwürzen. Kurz vor dem Servieren mit Sonnenblumen- und Kürbiskernen bestreuen.

Gemüse & Hülsenfrüchte

Fenchel-Avocado-Salat auf Roter Bete

Für 4–6 Personen

- 2 Avocados, halbiert, entsteint, Fruchtfleisch in dünne Scheiben geschnitten
- 2 Fenchelknollen, geputzt und in dünne Scheiben geschnitten
- 2 Rote Beten (auch gelbe oder mehrfarbige), geschält und in dünne Scheiben geschnitten
- 2 EL Schnittlauchröllchen
- 2 EL frisch gehackte Petersilie
- 1 EL frisch gehacktes Basilikum
- 1 EL frisch gehackte Minze
- 100 g Mozzarella, gerieben

Dressing

- 100 ml Sonnenblumenöl
- 2 EL frisch gepresster Orangensaft
- Salz und Pfeffer

1 Für das Dressing Öl und Orangensaft in einer großen Schüssel (nicht aus Metall) verrühren. Mit Salz und Pfeffer abschmecken.

2 Avocados und Fenchel in die Schüssel geben und das Dressing mit den Händen untermischen. Den Salat mit Frischhaltefolie abdecken und bis zu 4 Stunden ziehen lassen.

3 Kurz vor dem Servieren die Rote-Bete-Scheiben auf einer Platte oder auf Portionstellern anrichten. Die Kräuter in die Schüssel zum Salat geben und gut untermischen. Den Salat auf den Rote-Bete-Scheiben anrichten und mit Mozzarella bestreuen.

Gemüse & Hülsenfrüchte

Kartoffelsalat

Für 4 Personen
- 700 g kleine neue Kartoffeln
- 250 ml Mayonnaise
- 1 TL Paprikapulver, plus etwas mehr zum Garnieren
- Salz und Pfeffer
- 8 Frühlingszwiebeln, diagonal in Ringe geschnitten
- 2 EL Schnittlauchröllchen, zum Garnieren

1 Salzwasser in einem großen Topf zum Kochen bringen und die Kartoffeln darin 15–20 Minuten garen.

2 Abgießen, unter fließend kaltem Wasser abschrecken und abtropfen lassen. In eine große Schüssel füllen und noch etwas abkühlen lassen.

3 Mayonnaise, Paprikapulver, Salz und Pfeffer in eine Schüssel geben und verrühren. Zusammen mit den Frühlingszwiebeln zu den Kartoffeln geben und alles vermengen.

4 Mit Paprikapulver und Schnittlauch garnieren und lauwarm servieren.

Gemüse & Hülsenfrüchte

Reissalat mit Gurke & Orange

Für 4 Personen
- 250 g gemischter Langkorn- und Wildreis
- 850 ml Wasser
- je 1 rote, gelbe und orangefarbene Paprika, in feine Streifen geschnitten
- ½ Gurke, längs geviertelt und in dünne Scheiben geschnitten
- 1 Orange, filetiert
- 3 vollreife Tomaten, gewürfelt
- 1 rote Zwiebel, in feine Ringe geschnitten
- 1/2 Bund glatte Petersilie, gehackt

Dressing
- 1 Knoblauchzehe, zerdrückt
- 1 EL Balsamico-Essig
- 2 EL natives Olivenöl extra
- Meersalz und Pfeffer

1 Den Reis in einen Topf mit Salzwasser geben und aufkochen. Den Topf abdecken und den Reis 30–35 Minuten unter gelegentlichem Rühren gar kochen. Den Deckel während der letzten 5 Minuten abnehmen, damit das Wasser vollständig verdampft. Abgießen, abtropfen lassen und in eine große Schüssel füllen.

2 Für das Dressing alle Zutaten in ein Schraubglas füllen und kräftig schütteln. Über den Reis gießen und gut vermengen.

3 Paprikastreifen, Gurke, Orange, Tomaten, Zwiebel und Petersilie zugeben und vermengen. Sofort servieren.

Gemüse & Hülsenfrüchte

Salat mit Chili & Panir

Für 2 Personen
- 6 EL Sonnenblumenöl
- 250 g Panir (indischer Käse), gewürfelt
- 1 TL Senfkörner
- 1 TL gemahlener Kreuzkümmel
- 1 Knoblauchzehe, zerdrückt
- 1 kleine grüne Chili, entkernt und fein gehackt
- 4 Frühlingszwiebeln, fein gehackt
- 100 g gemischte junge Salatblätter

Tomatenchutney
- 2 reife Tomaten, gehäutet, entkernt und gewürfelt
- 1 Schalotte, fein gehackt
- 2 EL Sonnenblumenöl
- 2 TL Zitronensaft
- 1 EL frisch gehackter Koriander
- Salz und Pfeffer

1 Für das Tomatenchutney alle Zutaten in einer kleinen Schüssel gut vermengen und 30 Minuten im Kühlschrank ziehen lassen.

2 Das Öl in einer großen Pfanne erhitzen und die Panir-Würfel darin bei mittlerer bis starker Hitze 4–5 Minuten rundum goldbraun braten. Mit einem Schaumlöffel herausheben und auf Küchenpapier abtropfen lassen.

3 Die Hälfte des heißen Öls aus der Pfanne gießen. Dann Senfkörner und gemahlenen Kreuzkümmel darin wenige Sekunden rösten. Knoblauch, Chili und Frühlingszwiebeln unterrühren und 1–2 Minuten mitbraten. Den Panir zurück in die Pfanne geben und gut in der Würzmischung wenden.

4 Die Salatblätter auf 2 Servierteller verteilen und den heißen Panir daraufgeben. Das Tomatenchutney daraufgeben und sofort servieren.

Register

Ananas: Süßsaurer Fischsalat 144
Äpfel
   Rotkohlsalat mit Kernen 212
   Waldorfsalat mit Huhn 70
   Waldorfsalat mit Rinderfiletstreifen 20
Aprikosen: Couscous-Salat mit Pute 104
Artischocken
   Artischocken-Schinken-Salat 54
   Melonen-Artischocken-Salat mit Chorizo 42
Aubergine: Grillgemüsesalat 210
Avocado
   Avocado, Tomate & Mozzarella 190
   Brunnenkressesalat mit Erdbeeren 182
   Eisbergsalat mit Tomaten & Speck 48
   Fenchel-Avocado-Salat auf Roter Bete 214
   Hähnchen-Avocado-Salat 88
   Hähnchen-Cranberry-Salat 84
   Hummersalat mit Safranmayonnaise 164
   Räucherlachs auf Rucola 132
   Salat von geräuchertem Hähnchen mit Avocadodressing 76
   Tex-Mex-Hähnchen 94

Birnen
   Rucola mit Birne & Gorgonzola 186
   Salat mit Birnen & Knusperspeck 52
   Salat mit Räucherforelle, Chicorée & Birne 142
Blattsalat *siehe* Chicorée, Chinakohl, Eisbergsalat, Feldsalat, Romanasalat, Rucola und Salatherzen
Bohnen
   Bohnensalat mit Chorizo 44
   Bruschetta mit Garnelen & weißen Bohnen 154
   Thunfischsalat mit zweierlei Bohnen 130
   Weiß-grüner Bohnensalat 202
Bohnen, grüne
   Grüner Bohnensalat mit Feta 178
   Roastbeefsalat 14
   Salat mit kaltem Braten & Kürbis 32
   Thunfischsalat mit zweierlei Bohnen 130
   Warmer Salade niçoise mit Rinderfilet 16
   Weiß-grüner Bohnensalat 202
   Zucchinisalat mit Minzedressing 198
Broccoli: Thai-Salat mit Geflügel 96
Brot
   Bruschetta mit Garnelen & weißen Bohnen 154
   Caesar Salad mit Pancetta 80
   Mit Pute gefüllte Pitas 108
   Spinatsalat mit knusprigem Speck 50
   Spinatsalat mit gratiniertem Ziegenkäse 174
   Warmer Eier-Speck-Salat 46
Brunnenkresse
   Brunnenkressesalat mit Erdbeeren 182
   Hähnchen-Cranberry-Salat 84
   Krönungssalat 72
   Salat mit Birnen & Knusperspeck 52
   Salat von geräuchertem Hähnchen mit Avocadodressing 76
   Spinatsalat mit Tintenfisch & Brunnenkresse 168
   Süßsaurer Fischsalat 144
   Zucchinisalat mit Minzedressing 198
Bunter Melonensalat mit Erbsensprossen 200
Bunter Salat mit Grillhähnchen 92

Cajun-Hähnchensalat 90
Cashew-Nüsse: Krönungssalat 72
Chicorée
   Hähnchen-Grapefruit-Salat 86
   Hähnchensalat 74
   Salat mit Räucherforelle, Chicorée & Birne 142
Chili
   Fruchtig-scharfer Entenbrustsalat 120
   Melonensalat mit Kräuterkäse 188
   Rindfleisch mit Saté-Dressing 18
   Salat mit Chili & Panir 220
   Salat mit Ente & süßem Chilidressing 116

   Salat mit mariniertem Schweinefleisch 36
   Salat mit süßem Thunfisch 126
   Scharf-saurer Rindfleischsalat 26
   Spinatsalat mit Tintenfisch & Brunnenkresse 168
   Süßsaurer Fischsalat 144
   Thailändische Krebsfrikadellen 160
   Tomatendressing 11
   Warmer Garnelensalat 162
Chinakohl
   Chinesischer Hähnchensalat 98
   Entenbrust-Radieschen-Salat 114
   Rindfleisch mit Saté-Dressing 18
   Scharf-saurer Rindfleischsalat 26
   Truthahnsalat mit Erdnüssen 102
Chinesischer Hähnchensalat 98
Chorizo
   Bohnensalat mit Chorizo 44
   Melonen-Artischocken-Salat mit Chorizo 42
   Nudelsalat mit pikanter Wurst 40
Couscous-Salat mit Pute 104
Cranberrys: Hähnchen-Cranberry-Salat 84

Dressings
   Basilikum-Schnittlauch-Dressing 10
   Knoblauch-Chili-Oregano-Öl 11
   Kräutervinaigrette 10
   Tomatendressing 11

Eier
   Salade niçoise mit Nudeln 124
   Warmer Eier-Speck-Salat 46
   Warmer Salade niçoise mit Rinderfilet 16
Eisbergsalat
   Eisbergsalat mit Paprika & Pastrami 60
   Eisbergsalat mit Tomaten & Speck 48
   Salat mit Ente & süßem Chilidressing 116
Eisbergsalat mit Paprika & Pastrami 60
Ente
   Entenbrust-Radieschen-Salat 114
   Fruchtig-scharfer Entenbrustsalat 120
   Nudelsalat mit Entenbrust & Erdnusssauce 118
   Salat mit Ente & süßem Chilidressing 116
   Salat mit Entenbrust 110
   Warmer Entenbrustsalat mit Orange 112
Erbsen
   Bunter Melonensalat mit Erbsensprossen 200
   siehe auch Zuckerschoten
Erdbeeren
   Brunnenkressesalat mit Erdbeeren 182
   Salat mit Feta, Minze & Erdbeeren 184
Erdnüsse
   Nudelsalat mit Entenbrust & Erdnusssauce 118
   Rindfleisch mit Saté-Dressing 18
   Salat mit mariniertem Schweinefleisch 36
   Salat mit süßem Thunfisch 126
   Truthahnsalat mit Erdnüssen 102

Feigen: Schinken-Salami-Salat mit Feigen 62
Feldsalat
   Salat mit gegrillten Pfirsichen & Ziegenkäse 66
   Spargel-Tomaten-Salat 196
Fenchel
   Fenchel-Avocado-Salat auf Roter Bete 214
   Rucola mit Parmesan & Pinienkernen 192
Feta
   Griechischer Bauernsalat 180
   Grüner Bohnensalat mit Feta 178
   Salat mit Feta, Minze & Erdbeeren 184
   Salat mit kaltem Braten & Kürbis 32
Fisch und Meeresfrüchte
   Hummersalat mit Safranmayonnaise 164
   Makrele auf warmem Kartoffelsalat 150
   Meeresfrüchtesalat 170
   Schichtsalat mit Flusskrebsen 166
   Schwertfisch mit frischer Tomatensalsa 148

   Spinatsalat mit Tintenfisch & Brunnenkresse 168
   Süßsaurer Fischsalat 144
   Würzige Fischspieße mit Tomatensalat 146
   siehe auch Kabeljau, Krebs, Garnelen, Lachs, Forelle und Thunfisch
Forelle
   Salat mit Räucherforelle, Chicorée & Birne 142
   Süßsaurer Fischsalat 144
Frisée
   Salat mit gegrillten Pfirsichen & Ziegenkäse 66
Frühlingszwiebeln
   Chinesischer Hähnchensalat 98
   Garnelen-Reis-Salat 156
   Geflügelsalat mit Ingwer & Gemüse 100
   Kartoffelsalat 216
   Katalanischer Stockfischsalat 140
   Kokosgarnelen mit Gurkensalat 158
   Lachssalat Teriyaki 134
   Lachsspieße auf Mango 136
   Makrele auf warmem Kartoffelsalat 150
   Räucherlachs auf Rucola 132
   Rindfleisch mit Saté-Dressing 18
   Roter Salat 204
   Salat mit Chili & Panir 220
   Salat mit Ente & süßem Chilidressing 116
   Salat mit Linsen & Ziegenkäse 176
   Salat mit mariniertem Schweinefleisch 36
   Scharf-saurer Rindfleischsalat 26
   Schweinefleisch mit Schleifensalat 34
   Spinatsalat mit Tintenfisch & Brunnenkresse 168
   Süßsaurer Fischsalat 144
   Thai-Nudelsalat mit Roastbeef 22
   Thunfischsalat mit zweierlei Bohnen 130
   Warmer Garnelensalat 162
Frühstücksspeck
   Eisbergsalat mit Tomaten & Speck 48
   Salat mit Birnen & Knusperspeck 52
   Spinatsalat mit knusprigem Speck 50
   Warmer Eier-Speck-Salat 46
   siehe auch Pancetta

Garnelen
   Bruschetta mit Garnelen & weißen Bohnen 154
   Garnelen-Reis-Salat 156
   Kokosgarnelen mit Gurkensalat 158
   Thailändische Krebsfrikadellen 160
   Tomatensalat mit Lachs & Garnelen 138
   Warmer Garnelensalat 162
Geflügelsalat mit Ingwer & Gemüse 100
Geflügelsalat mit Pestocreme 78
Grapefruit: Hähnchen-Grapefruit-Salat 86
Griechischer Bauernsalat 180
Grillgemüsesalat 210

Hähnchen
   Bunter Salat mit Grillhähnchen 92
   Caesar Salad mit Pancetta 80
   Cajun-Hähnchensalat 90
   Chinesischer Hähnchensalat 98
   Geflügelsalat mit Ingwer & Gemüse 100
   Geflügelsalat mit Pestocreme 78
   Hähnchen-Avocado-Salat 88
   Hähnchen-Cranberry-Salat 84
   Hähnchen-Grapefruit-Salat 86
   Hähnchensalat 74
   Krönungssalat 72
   Nudelsalat mit Honig & Hähnchen 82
   Salat von geräuchertem Hähnchen mit Avocadodressing 76
   Tex-Mex-Hähnchen 94
   Thai-Salat mit Geflügel 96
   Waldorfsalat mit Huhn 70
Harissa
   Bohnensalat mit Chorizo 44
   Couscous-Salat mit Pute 104
Haselnüsse
   Roastbeefsalat 14